2015년부터 2017년까지, 묵쌤의 3년 책쓰기 수업 엿보기

수업시간에 책쓰기 코칭

2015년부터 2017년까지, 묵쌤의 3년 책쓰기 수업 엿보기
수업 시간에 책쓰기 코칭

지은이 임진묵

발 행 2018년 11월 26일
펴낸이 김영식 김정태
펴낸곳 좋은교사운동 출판부
교정·교열 장은정 정주옥 정지용 김세영
출판등록번호 제2000-34호
주 소 서울특별시 관악구 남부순환로 218길 36, 4층
전 화 02-876-4078
이메일 admin@goodteacher.org

ISBN 978-89-91617-53-7   03370

www.goodteacher.org

좋은교사 연구실천 프로젝트 X

19

2015년부터 2017년까지
묵쌤의 3년 책쓰기 수업 엿보기

수업시간에 책쓰기 코칭

임진묵

좋은교사

‖ 편집을 도와주신 선생님들의 후기

진짜 감동했습니다. 몇 년의 노하우가 압축되어 있더군요. 덕분에 좋은 글 잘 읽었습니다. 공감되는 구절이 무척 많았습니다.

-정주옥 선생님(정광고등학교)

책에서 아이들의 목소리가 생생하게 전달되는 거 같아서 웃음이 나오기도 하고, 난관이 나타나는 부분에서는 나라면 어떻게 할까 같이 고민하게 되었어요. 선생님께서 수업한 내용 쓰신 걸 보면서 역시나 많이 가져야 많이 나누어줄 수 있다는 생각이 들더라고요.

보면서 저도 다시금 여러모로 깊이 있게 탐구하고, 또 학생에게 필요하고 의미 있는 것은 무엇인지 성찰해보아야겠다고 많이 다짐하게 되었답니다.

선생님께서 수업하면서 느꼈던 점 같은 걸 써주신 부분이 저는 참 좋더라고요. 실패한 부분에 대해서는 솔직하게 이야기해주시고, 또 어려움을 겪은 부분에 대해서는 교정해 나가는 것을 써주신 걸 보고 왠지 선생님의 수업을 가까이서 지켜보는 마음이 들었어요.

선생님의 후기 덕분에 책 쓰기 수업을 실제로 할 때 시행착오를 줄이고 정교하게 설계할 수 있을 거 같은 기분이 들더라고요. 이 책을 다른 사람들보다 먼저 접할 수 있는 행운을 잡은 거 같아 기분이 좋았어요.

- 김세영 선생님(양주백석고등학교)

함께 같은 방향을 바라본다는 것은 행복한 일이다. 글을 읽으며 호흡하다 보면 단순한 '책 쓰기 방법'이 아니라 행복을 향한 따스하고 포근한 몸짓이 느껴진다. 학생들의 무한한 가능성을 그들의 시선으로, 현시대를 살아가는 지금 이 순간의 우리의 이야기로 다가온다. 학생들의 노력과 경험을 함께 고민하고 인내한 과정이 마치 첫사랑 이야기를 듣는 듯한 느낌으로, 애틋하지만 무겁지 않은, 알차지만 복잡하지 않은 글로 태어났다.

'현실의 실제를 있는 그대로 마주하는 것이 본질에 다가가는 것'이라고, '할 수 있다'고 직접 보여주는 책.

〈의미 있는 수업을 하고 싶은 선생님〉, 〈자식과 마음을 나누고 싶은 학부모〉, 〈무한한 가능성을 지닌 학생〉에게 권하고 싶다.

-정지용 선생님(대전고등학교)

교육 난제는 현장 교사가 풉니다!

임진왜란 때 선조가 이순신에게 총공격을 명령했지만 이순신은 적의 유인 전략이라 판단하여 공격하지 않았던 일이 있습니다. 이로 인해 이순신은 관직을 박탈당했고, 대신 출정한 원균의 군대는 전멸하고 맙니다. 현장의 상황을 모르고 내린 결정이 얼마나 어처구니 없는 것인지를 보여주는 사례입니다.

"초등학교 사회 교과서는 대학생 교재보다 어렵습니다. 왜냐하면 그 많은 내용 요소를 압축적으로 구겨넣어 놓았기 때문이죠. 이런 교과서를 만든 사람이 한번 가르쳐보라고 하고 싶네요."

수업에서 학생들에게 배움의 기쁨을 누리게 하고 싶다는 것은 모든 교사들의 소망이지만 현장의 상황을 모르고 내려오는 교육과정과 각종 사업 등 수많은 장애물들이 우리의 발목을 붙잡고 있습니다.

"현장에 답이 있다"는 말을 많이 합니다만 교육정책을 좌우하는 관료, 교수, 정치인들은 현장 교사들의 목소리를 귀담아 듣지 않습니다. 이렇게 된 데에는 우리가 교육전문가로서의 교사의 역할을 적극적으로 찾지 못한 책임도 없지 않습니다.

이제 현장의 교육전문가인 우리 교사가 나서야 합니다. 우리 교육에는 수많은 난제가 산처럼 버티고 있습니다. 우공이산(愚公移山)의 결기로 우리 모두가 이와 씨름하는 일이 개미떼처럼 집단적으로 일어나야 합니다. 그러한 노력들이 격려되고, 공유되고, 확산될 때 우리 교육은 아래로부터 변화되어갈 것입니다. 이 과정은 교육전문가로서의 교사 성장에 큰 도전이 될 것입니다. 이를 통해 수동적 전달자가 아닌 능동적 연구실천가로 성장하게 될 것입니다.

좋은교사운동은 우리 교육의 난제를 현장 교사들의 힘으로 풀어나가는 프로젝트를 시작했습니다. 이름하여 "좋은교사 연구실천 프로젝트 X"입니다. X는 난제를 뜻합니다. 이제 X를 붙들고 고민한 결과가 세상에 모습을 드러냈습니다. 그 동안 바쁜 학교생활 가운데서도 시간을 쪼개어 문제와 씨름하는 노고를 감당하신 선생님과 멘토와 행정적인 모든 수고를 감당해주신 사무실의 간사님들과 연구위원장 조창완 선생님께 존경과 감사의 뜻을 전합니다.

- 사단법인 좋은교사운동

이제야 떠나보냅니다

이 책은 1년 전에 나와야 했던 책이었습니다. 하지만 그때 책을 완성했더라면 아마 오랫동안 이 책을 읽을 선생님들께 죄송했을 것입니다. 그때는 보지 못했던 것들이 지금에야 보입니다. 다른 분들의 책을 통해 이 책을 볼 수 있었습니다. 그리고 책을 만들고 나서야, 책을 쓴 작가들이 왜 자신의 책을 졸저(拙著)라고 표현하시는지 알았습니다. 아직도 아쉬운 점이 많지만 이젠 제 곁에서 선생님들의 곁으로 이 책을 보냅니다.

2015년부터 책쓰기를 주제로 수업을 해왔습니다. 책쓰기 수업은 어려웠고 실패도 많이 했습니다. 하지만 새로운 길을 만드는 즐거움이 있었습니다. 무엇보다 아이들의 반짝거리는 글들을 마주 대할 수 있어서 좋았습니다. 아이들의 수많은 책을 대하며 아이들의 생각을 읽을 수 있었고, 마음을 알 수 있었습니다.

책을 쓰는 동안, 책을 더 사랑하게 되었습니다. 그래서 더 좋은 사람이 되고 싶어집니다. 시간이 갈수록, 책을 쓰는 마음으로 인생을 살고 싶어집니다. 내 인생의 한 페이지도 누군가에는 힘이 되고, 다시 뛰게 하는 그런 책처럼 살고 싶습니다.

이러한 마음을 저 혼자만 가지고 있기에는 아쉬워서 이 책을 만들었습니다. 좋은교사 연구실천 프로젝트X를 통해, 많은 분에게 이책이 읽혔으면 좋겠습니다. 책을 만드는 마음을 가지면, 자연스럽게책을 좋아하게 됩니다. 책을 쓰는 작가의 마음을 안다면 책을 함부로 할 수 없습니다. 책을 쓰는 작가의 마음으로 책을 읽으면 독서도 더욱 깊어집니다.

제가 가르치는 아이들과 저의 자녀들이 책을 좋아하고, 책과 놀았으면 좋겠습니다. 그러기 위해서는 책을 써봐야 한다고 생각합니다. 책을 만드는 마음을 알게 하는 수업이 필요합니다. 지식이나 생각의 소비자가 아닌 생산자로 아이들을 세워주어야 한다고 생각합니다. 그래서 아이들과 계속 책을 씁니다.

책쓰기 수업을 해보시면 그 매력에 빠지실 수밖에 없을 겁니다. 선생님들과 함께 그 길을 걸으며 아이들과 함께 성장하고 싶습니다.

교사로서 매일 아이들을 만나게 해주신 하나님께 감사드립니다. 그리고 이 책이 나오기까지 정말 많은 분이 도움을 주셨습니다. 모두 고맙습니다. 특히, 책을 쓰겠다고 꿈꾸는 저에게 용기를 주는 아내와 바쁜 아빠를 기다려준 봄빛 남매. 함께 책을 쓴 모든 제자, 그리고 책을 쓰는 데 도움을 주신 선생님들 모두 진심으로 감사합니다.

- 2018. 8. 3. 조치원중학교 국어교사 임진묵

‖ 목 차

Ⅰ. 책쓰기 수업을 하는 까닭

엄마는 카카오톡을 보낸다
엄마의 엄마에게

날씨 얘기, 꽃이 핀 얘기
내가 아팠던 얘기, 속상한 얘기—

나는
엄마의 카카오톡을 훔쳐본다.

하지만 엄마에게
말은 안 한다
아니, 못 하겠다

사라지지 않는 1이라는 숫자가
나를 슬프게 만든다

사실, 엄마는 엄마가 없다.

-'엄마의 엄마', 엄태현

이 시는 중학교 3학년 학생이 자신의 경험을 쓴 시이다. 경험시 쓰기 수업 시간, 학생들의 이야기를 시로 표현하는 활동을 통해 자기 엄마의 이야기를 풀어낸 작품이다. 이 작품 말고도 학생들은 자기 생각과 경험을 진솔하게 잘 드러냈다. 의미 있는 작품들이 많았다. 학생들이 어떤 존재인지 알고 싶다면, 그들에게 표현하도록 하면 된다. 그러면 학생들의 진짜 모습이 드러난다. 그리고 자신들도 자신을 알게 된다. 교사는 자연스럽게 학생들을 가치 있는 존재로서 여기게 되고, 수업에도 변화가 생긴다. 학생들의 생각이 궁금해지기 때문이다.

이러한 경험을 반복하다 보니, 학생들의 생각과 경험이 그대로 사라지는 것이 아까워서 책을 만들기 시작했다. 최근에는 학생들이 쓴 시를 모아서 시집을 만들었다. 시 '엄마의 엄마'를 대표 시로 삼고, 시집의 제목도 「엄마의 엄마」라고 지었다. 시집은 실제로 인터넷 서점을 통해 팔리고 있는 책이다.

"아이들과 책을 만들었다."는 말은 굉장히 쉽게 할 수 있지만, 책을 쓴다는 것은, 더욱이 다른 사람들이 볼 만한 정도의 책을 만든다는 것은, 매우 어려운 일이다. 시간도 오래 걸리고, 교사의 노력도 필요하다. 하지만 가치 있는 일이라는 것을 몸소 느끼고 있기에 나는 이렇게 연구와 수업을 지속하고 있다.

학생들에게 자신들이 쓴 글이 얼마나 의미 있는지, 자신들이 얼마나 가치 있는지 알려주기 위해 천 마디 말을 하는 것보다 책을 만들어주는 것이 더 다가오지 않을까?

그런 마음으로 2015년부터 나의 책쓰기 수업은 시작되었다.

나를 만드는 독서

우리는 많은 책을 읽는다. 학교에 다니는 12년 동안 교과서와 참고서만 해도 수십 권은 볼 것이다. 나도 그동안 많은 책을 읽어왔다고 생각했는데 어떤 책이 기억에 남는지 그 책의 내용은 무엇인지 물어본다면 쉽게 답변하기가 쉽지 않다. 나만 그런 것이 아니라 학생들에게 물어봐도 마찬가지였다. 그렇다면 왜 우리는 기억에 남지 않는 독서를 하게 되는 것일까?

그 이유는 책 읽기에서 한발 더 나아가지 못하는 경우가 대부분이기 때문이다. 독서록을 선생님께 제출하는 것 정도가 우리가 해오던 독서의 마무리이다. 그렇기 때문에 독서록을 쓸 수준 정도만 책을 읽으면 되었다. 그 정도면 충분했다. 책을 읽는 목적이 책을 읽는 것 자체, 혹은 독서록을 쓰는 것이 전부라면 책을 제대로 읽지 않아도 된다. 책의 내용을 파악하는 정도로만 책을 읽게 된다.

하지만 내가 글을 쓰기 위해, 혹은 다른 것을 창조하기 위한 목적으로 책을 읽는다면 다른 관점에서 다른 깊이에서 책을 보게 될 것이다. 그때는 책이 중요한 것이 아니라 '내'가 중요하게 된다. 내가 필요한 부분, 내가 감명받은 부분, 저자와 의견이 다른 부분을 보게 된다. 독서의 기준이 책이 아니라 '내'가 된다. 나의 세계를 만들기 위한 독서가 남는 독서가 된다. 그렇게 남에게 무엇인가를 알려주기 위해, 대화를 위해서 하는 독서가 진짜 독서라고 생각한다.

내가 제대로 독서를 하기 시작한 것은 몇 년 전, 내가 운영하는 블로그를 본 한 출판사에서 책을 내보자고 제안하는 메일이 온 것이 시작이었다. 담당자를 만나 이야기를 들어보니, 블로그에 시를 가르치고 패러디 시를 써서 함께 공유한 것이 재미있다며, 시를 필사(베껴쓰기)하는 책을 기획 중인데 함께 작업하고 싶다는 것이었다.

시와 관련된 책을 내야겠다고 마음먹고 내가 가진 시집을 다시 찬찬히 보았다. 서점에 들러 좋은 시집들을 사기도 했다. 그동안 보았던 수많은 시가 다시 보이기 시작했다.

결론부터 이야기하자면, 내 책은 나오지 않았다. 하지만 나는 이 경험이 참 소중하다. 이 경험 덕분에 책을 제대로 보기 시작한 것 같아 고마운 마음이 든다. 그동안 나는 책을 읽은 것을 내 것으로 만들어서 다른 사람들에게 전달하고자 하는 독서를 해보지 않았다. 그래서 그동안 내가 읽은 책의 내용과 내 생각과 느낌은 흔적도 없이 사라졌다는 것을 이때 깨달았다. 경험하지 않고는 알 수 없는 '진실'이었다.

책을 쓴다는 것

'책쓰기'라고 포털사이트에서 검색하면 함께 보이는 단어 중 가장 많이 보이는 것은 '성공'이라는 단어이다. 우리가 관심이 없어서 못 본 것일 뿐, 책쓰기를 도와줄 수 있다는 많은 단체가 있고, 방법을 알려주는 책들이 있다.

뉴스를 보니 30대의 버킷리스트 중 하나가 '책쓰기'라고 한다. 그런데 많은 책과 교육하는 기관에서 말하는 책을 써야 하는 가장 큰 이유는 책을 써야 자신의 가치를 드러낼 수 있고, 경력이 되어 '성공할 수 있다'는 말이다. 사람들이 책을 통해 자신들을 알아주고, 필요한 곳에 가서 강의도 할 수 있으니, 평생 인정받으며 살 수 있다는 말들을 한다. 물론 완전히 틀렸다고는 할 수 없다. 실제로 그런 사례들도 많다.

그렇다면 우리 교사들도 학생들과 책을 쓰는 이유를 성공하기 위해서라고 하며 '책쓰기 수업'을 해야 할까?

3년 전, 처음 책쓰기 수업을 할 때의 목표는 사람들이 돈을 주고 살만한 책을 만드는 것이 목표였다. 나는 아이들의 글을 높게 평가하고 있었고, 사람들이 돈을 주고 볼만한 작품들이라고 생각했다.

2017년 겨울, 책따세(책으로 따뜻한 세상을 만드는 교사들)의 책쓰기 연수를 들으며 다양한 책쓰기 수업 사례를 듣고, 대표이신 조영수 선생님과 깊게 이야기하게 되었다. 그 기회를 통해 내가 가졌던 책쓰기 수업의 목표 말고도 다양한 수준에서 책쓰기 수업을 할 수 있다는 것을 알게 되었다. 즉, 책쓰기 수업도 내가 생각하는 높은 수준이 아니라 학생들의 교육적인 목적을 위해 얼마든지 가볍게 수업할 수 있다는 것을 깨닫게 된 것이다.

그렇다. 모든 수업이 그렇지만 교사가 어떤 목표를 가지고 수업을 하느냐에 따라 다양한 수준에서 다양한 방법으로 수업할 수 있다. 책쓰기 수업은 결과물도 중요할 수 있지만, 그 과정에서 아이들이 책을 제대로 알게 된다는 점이 장점이다. 그리고 책을 귀하게 여기게 된다. 왜냐하면 아무리 가벼운 마음으로 수업을 한다고 하더라도, 한 권의 책을 쓴다는 것은 쉽지 않은 일이기 때문이다.

글을 쓸수록 책쓰기 수업이 어려운 작업이라는 것만을 이야기하는 것 같아서 설명하자면, 우리가 책을 읽기만 한다면 책 전부를 알 수 없다는 점을 분명히 해두고 싶다. 어떤 지식을 배우거나, 어떤 기술을 배울 때, 제대로 알기 위해서는 그것을 생산하는 입장에서도 볼 필요가 있다. 그것을 알게 된다면 세상의 어느 것도 가치 없는 것은 없다는 점을 알게 되고 함부로 할 수 없게 된다. 한 톨의 쌀이 우리에게 오기까지의 과정을 완벽하게 알고 있다면, 우리가 먹는 밥을 함부로 할 수 있을까?

책도 마찬가지이다. 책을 만드는 마음을 가지고 있는 학생은 책을 함부로 할 수 없다. 책에 담긴 수많은 마음을 알기 때문이다. 그리고 제대로 책을 만날 수 있다. 책을 만드는 관점이 생기면, 책을 제대로 볼 수 있는 눈이 생긴다. 더 이상 책이 나보다 위에 있는 존재가 아니라 내가 만들 수도 있는, 나와 수평적인 위치에 있는 존재가 되기 때문이다. 세상을 바꾸는 시간 15분(앞으로는 '세바시'라고 줄여서 말하겠습니다.) 강의에 나온 배달의 민족 김봉진 대표는 책을 스승으로 여기지 말고, 친구 같은 존재로, 편안한 존재로 생각할 것을 이야기했다. 책을 제대로 만나기 위해서는 책을 나의 수준으로 끌어내려 친구처럼 생각해야 한다.

누구나 책을 쓸 수 있다. 그렇다. 누구나 쓸 수는 있다. 그런데 어떤 목적으로 어떤 가치를 가지고 쓰느냐도 중요한 문제이다. 자신만을 위한 글쓰기가 아닌 다른 사람들에게 내가 가진 것을 나누고, 돕고 싶다는 마음으로 쓴 책만이 가치 있다고 생각한다.

그리고 그 과정에서 책을 쓰는 사람은 성장하고 성숙하여져 간다. 쓴다는 것은 생각한다는 것이다. 좋은 책은 독특한 표현이 아니라 깊은 생각에서 나온다. 학생들에게 책을 함께 쓰자고 하는 것은 이런 이유에서이다. 책을 쓰는 동안 학생들은 계속 자신을 돌아보며 성장하기 때문이다. 자신이 몰랐던 부분을 알게 되고, 자기 생각을 돌아보게 된다. 자신의 삶에서 보석들을 찾는다. 그렇기 때문에 많은 학생과 책을 쓰고 싶다.

최고의 수행평가

"책쓰기는 최고의 수행평가였어요."

이 말은 아이들이 직접 나에게 들려준 이야기이다. 이 말에는 두 가지 의미가 있다.

'최고(最高)'로 의미가 있었던 좋은 수행평가
'최고(最高)'로 어려웠던 수행평가

책쓰기 수업과 수행평가를 한다고 하면, 놀라는 아이들이 있는가하면, 재미있겠다는 반응을 보이는 아이들도 있다. 왜냐하면, 한 번쯤은 꿈꾸어 보았던 자신의 버킷리스트이기도 하기 때문이다. 하지만 이 수행평가가 쉽다고 이야기한 경우는 보지 못했다. 어려워서 하기 싫다던가, 어렵지만 의미 있었고 재미있었다던가. 보통은 둘 중의 하나를 이야기했다. 책쓰기 수행평가가 어려운 이유는 과제의 난이도가 어렵기도 하지만, 혼자서는 절대 할 수 없다는 점이 크다. 책을 쓰려면 반드시 동료와 협력해야 한다. 친구들과 함께 과제를 하다 보면 이견을 조율해야 하고, 갈등을 겪는다. 할 말이 없어도 말해야 하고, 자신이 맡은 역할을 책임지고 해야 한다. 그 어려운 과정을 넘어 책을 완성하게 되면 희열과 감격이 있다. 그래서, 그러한 과정을 내 제자들이 꼭 겪었으면 하는 것이다. 그 경험이 반드시 학생들이 앞으로의 삶을 살아가는 데 꼭 필요한 과정이라고 생각한다. 일부러라도 아이들이 꼭 겪어봐야 하는 과정이다. 그래야 나중에 프로젝트를 수행하거나, 갈등이 생겼을 때, 해결할 힘이 생긴다. 진짜 필요할 때, 문제를 해결 할 수 있게 되는 것이다.

책쓰기 수업을 하면

점점 자기중심적으로 생각하는 아이들이 많아지고 있다. 어떤 이유에서인지 몰라도 모든 것을 자기의 관점에서 보고 판단하곤 한다. 이러한 아이들에게는 다른 사람을 이해하고 생각하는 경험이 중요하다고 생각한다. 나만 생각하는 것이 아니라 다른 사람을 생각해보는 것. 그 경험이 바로 '책쓰기'이다. 책은 독자에게 읽혀야만 의미가 있다. 그렇기 때문에 책을 쓰려면 책을 읽을 독자를 생각해야 한다.

이 때 중요한 점을 이야기하자면, 그 독자는 여러 명을 떠올리지 않아도 된다. 단 한 명의 독자를 떠올리고 생각하면 된다. 그래야만 좋은 책을 만들 수 있다. '이 책은 정말 좋은 책이라서 누구에게라도 의미가 있습니다.'라고 말하는 출판사가 있는지 살펴보라. 없다. 왜냐하면 그런 책은 팔리지 않는다. 독자들에게 다가오지 않기 때문이다. 독자를 구체적으로 떠올릴수록 좋은 책이 만들어진다. 독자와 대화하며 책은 만들어진다. 책의 내용, 문체, 구성, 편집과 디자인도 정해진다. 아이들에게 이점을 강조하며 수업을 해야 혼란이 줄어들 것이다.

책을 읽는 예상 독자가 누구이든 상관없지만, 일반적인 학생들이 쓰는 책이라면 그 독자는 대부분 또래의 학생들이나 자신보다 나이가 적은 학생들이나 어린아이들이 대상이 된다.

친구를 생각하고, 그를 위해 고민해보는 것. 그것이 인성교육이지 않을까?

예전에 MBC에서 실시한 설문조사에서 10대~60대를 대상으로 인생에서 후회하는 이유를 물었을 때 공통으로 나온 것은 '공부 좀 더 할 걸'이었다. 공부를 통해 자신의 미래를 바꾸어야 하는 학생들에게 우리는 많은 것을 가르친다. 그런데 가르친다고 해서 학생들이 배웠다고는 말할 수 없다. 배운 것을 말할 수 있고 글로 쓸 수 있어야 배운 것이다. 그것도 자신들의 말로 표현할 수 있어야 제대로 배운 것인데, 이걸 측정할 방법이 극히 제한적이다.

현재의 시험으로는 학생들을 제대로 성장시키기 힘들다. 우리나라에서는 시험이 학생들의 실력을 평가하는 것에 그치는 경우가 많다. 시험을 보는 진짜 이유는 자신의 위치를 알고 부족한 점을 채워 성장하는 것이다. 그것을 위해서는 표현해보아야 한다. 글을 써봐야 한다.

글을 써야 내가 서 있는 곳을 알 수 있다. 내가 무엇인가를 배워 아는 것 같았는데 말할 수 없다고, 글로 쓸 수 없다는 사실을 알게 된다. 그 사실을 아는 것부터가 시작이다. 내가 말하기 위해, 글을 쓰기 위해 공부한다면 그게 진짜 공부가 되는 것이다.

우리는 학생들을 계속 학생이란 이유로 '그냥 학생답게' 라는 말로 가둬둘 때가 많다. 글쓰기에서도 마찬가지이다. 아이들의 글을 공유할 수 있는 많은 공간이 있는데 학교에서 그대로 묻혀버리는 경우가 많다. 수행평가 결과물을 보관할 기간을 정해두고, 그 기간이 지나면 버려진다. 아이들의 생각과 결과물이 사라진다. **세상에 이미 많은 글이 있지만, 내가 가르치는 학생들의 글들은 의미가 있고 필요한 사람들이 있다. 나는 그런 마음으로 책쓰기 수업을 한다.**

II. 2015년 수업, 「동물원 야간개장」을 펴내기까지

계기

해산(解産)은 아이를 낳는 것을 말한다. 내가 아이를 낳아본 것은 아니지만, 나는 책 한 권이 나오는 것을 해산(解産)으로 비유하고 싶다. '동물원 야간개장'은 나와 제자들의 첫 책이며, 가장 어렵게 쓴 책이기도 하다. 아이를 낳는 고통은 겪어보지 않으면 모르는 것처럼, 학생들과 책을 썼던 일도 마찬가지였다. 몰랐기 때문에 무모하게 시작할 수 있었던 일이었다. 그리고 3년 전이지만, 그때 나는 더 젊었고 의욕적이었다.

새로운 학년이 시작되기 전, 겨울방학 때였다. 한 월간지에서 개발도상국으로 영어 동화책을 보내는 사업에 후원해달라는 광고를 우연히 보게 되었다. 그 광고를 보고 이런 생각을 했다.

'우리 아이들도 동화 한 편 정도는 쓸 수 있을 텐데. 우리 아이들의 동화를 책으로 만들어 보내면 어떨까?'

그런 말도 안 되는 생각이 시작이었다.

이런 생각을 하게 된 건, 내가 2013년 여름에 8박 9일간 탄자니아로 비전트립을 갔었기 때문이다. 사진이나 영상 같은 간접적인 경험이 아니라 그 곳의 아이들을 직접 만났던 경험이 있었기에 그런 꿈을 꾸어보게 된 것이다. 제자들이 쓴 동화를 들고, 다시 그 곳을 찾아가고 싶다는 꿈을 생생하게 꾸었기 때문이다.

그곳의 아이들에게 했던 봉사 중 하나는 '카상카'라는 동네의 초등학교 아이들의 건강기록부를 만들어주는 일이었다. 전교생의 키와 몸무게를 재고, 충치를 예방하기 위한 불소도포를 했다. 나는 1학년부터 6학년까지 500여 명의 아이의 충치 개수를 셌다. 아마 아프리카 아이들의 입속을 가장 많이 들여다 본 현직교사는 내가 아닐까 싶다.

탄자니아는 아이가 태어나도 그 아이의 출생 신고를 하는 비용이 부담되어 출생신고조차 되지 않고 살아가는 사람들이 부지기수였다. 말라리아나 에이즈로 많은 아이들이 죽기 때문이기도 했다. 당연히 초등학교에는 아이들의 생활기록부나 건강기록부가 없었다. 학생들에게는 자신이 얼마나 자랐는지, 어떤 활동을 했는지 아무런 기록이 없었다. 자신이 어떻게 살았는지 기록이 없다는 것은 내가 어떤 존재인지 확인할 수 있는 길이 사라진 것을 의미하기도 한다.

아이들은 교과서와 공책도 없었다. 1학년으로 입학한 아이들은 100명이 넘는데, 6학년이 되어 졸업하는 아이들의 수는 1/3~1/4 정도의 수준이라고 했다. 가정형편이 어려우니 중간에 그만두는 아이들이 많은 것이다. 학년마다 인원은 다르지만, 학년마다 한 개의 교실을 썼다. 1학년 아이들은 100명이 넘는데, 우리 교실만 한 창고에서 그냥 **빽빽이** 바닥에 앉아 수업을 듣고 있었다.

하지만 그들이 불행하다는 생각은 들지 않았다. 그들의 눈은 너무 맑았고 순수했다. 나는 탄자니아에서 쓰는 언어인 스와힐리어를 전혀 하지 못했다. 그래서 그랬는지, 그곳에서 초등학생들과 친구가 되어 몸짓 하나, 말소리 하나에도 웃고 즐길 수 있었다. 참 자유로웠다. 친구가 되어준 그 아이들에게 내가 한국에서 가르치는 학생들이 만든 동화책을 선물하고 싶은 마음. 친구에게 선물을 주고 싶은 그 마음. 그 마음이 시작이 되어 1년간 책을 만드는 일에 매달렸다.

함께 꿈꾸기

마음만으로는 책을 만들 수 없다. 함께 해주시는 분들이 없었다면 '동물원 야간개장'은 나올 수 없었다. (사실 모든 책이 그렇다. 혼자서 할 수 있는 일이 아니다.) 2015년 2월, 나의 마음과 생각을 내가 비전트립을 갈 수 있게 도와준 NGO단체인 위드[1])에 말씀드렸다. 그렇게 꿈꾸던 일이 시작 될 수 있었다.

기존 출판사에 이런 제안을 했다면, 실행될 수 없는 일이었다. 출판은 봉사가 아니다. 출판은 사업이다. 이런 무모한 일, 구체적인 계획도, 원고도 없는 일에 자신의 자본과 노력을 투자할 출판사는 없다. 이 일이 실행될 수 있었던 것은 '위드'라는 단체가 나를 전적으로 믿어주었기 때문에 가능했던 일이고, '위드'도 첫 출판이었기 때문에 시작할 수 있었다. 생각해보면 정말 무모한 시작이었다.

그렇게 출판을 하기로 약속하고 2015년의 첫 수업을 맞이했다. 고등학교 2학년 문과반 학생들이었다.

---

1) http://iwith.or.kr/

"얘들아, 수행평가 중에서 태도 점수가 10점이 있을 텐데, 이 태도 점수 중에서 1점은 동화 쓰기야. 앞으로 동화 쓰기 수업을 할텐데, 이 수행평가는 내기만 하면 1점을 줄 거야. 내용과 상관없이… 하지만, 우리가 쓴 동화 중에서 의미 있는 작품을 모아 '진짜 책'을 낼 거야."

이 이야기를 들은 아이들은 반신반의했다. 자신들이 쓴 동화로 선생님이 책을 낸다니…. 정말 멋진 일이지만, 꿈 같은 일이 아니겠는가?

하지만 나는 동화를 써본 일도, 책을 써본 일도 없었다. 글을 잘 쓰는 교사도 아니었고, 글쓰기 수업을 체계적으로 해본 적도 없었다. 그냥 마음만 있는 철부지 교사였다. 막막하니 할 수 있는 것은 검색밖에 없었다.

수많은 시간을 검색하며 찾은 것은 동화쓰기 교육을 진행한다는 '아띠봄'이라는 회사의 블로그였다. 어른들을 위한 동화인 「고양이 달」이라는 책을 낸 회사였다. 무작정 메일을 보냈고 긍정적인 답변이 왔다. 2015년 5월 8일(토)에 '세상에 하나뿐인 나만의 동화 쓰기 학생 대상 원데이 클래스'가 대전 지족고등학교에서 열렸다. 덕분에 동화쓰기 수업을 할 수 있었다.

'아띠봄' 대표 박영주 작가님의
'세상에 하나뿐인 나만의 동화 쓰기 학생 대상 원데이 클래스'

* 아래부터 31쪽까지는 아띠봄 홈페이지에 있는 소개와 제가 들었던 내용을 중심으로 정리했습니다.

세계의 동화 이야기

1. 이상한 나라의 앨리스

이 작품을 아시나요? 이 작품은 사람마다 호불호(好不好)가 많이 나뉘는 작품입니다. 전자책을 만드는 사람들이 가장 선호하는 작품이라고 하네요. 왜냐하면 창의적인 내용 덕분에 자신들의 기술력을 선보일 수 있는 작품이라서 그렇대요. 영국의 동화작가이자 수학자인 찰스 루트위지 도지슨(Charles Lutwidge Dodgson)이라는 사람이 '루이스 캐럴(Lewis Carrol)'이라는 필명으로 발표했습니다. 루이스 캐럴은 자신이 교수로 재직하던 옥스퍼드 대학의 학장 헨리 리델의 집에 하숙하고 있었는데, 아이시스강으로 배를 타고 놀러나갔을 때 리델의 세 딸들에게 들려주었던 자신의 구연동화를 바탕으로 작품을 만들게 됩니다. 그리고 이상한 나라의 앨리스의 실제 주인공은 세 자매 중 한 명인 '앨리스 프레장스 리델(Alice Pleasance Liddell)' 이라는 소녀라고 합니다.

즉, 누군가를 위한 이야기가 좋은 동화로 구현된 좋은 예지요.

2. 피터래빗

영국의 피터래빗은 아세요? 피터래빗이라는 캐릭터는 잘 아실 텐데, 내용을 알고 있는 친구들이 있나요? 15년 전에는 '미스 포터'라는 할리우드 영화로도 제작되었습니다. 이 작품은 작가인 '베아트릭스 포터'가 자신이 살아왔던 자신의 소소한 일상을 동화로 만든 작품입니다. 처음부터 멋진 작품을 만들거나, 베스트셀러를 쓰겠다는 대단한 마인드로 시작한 작품이 아닙니다.

3. 어린왕자

프랑스의 어린왕자는 성경 다음으로 많이 팔린 작품으로 알려져 있습니다. 이 작품의 첫머리에는 이런 말이 쓰여 있습니다. '레옹 베르트에게'. 레옹 베르트는 작가인 생텍쥐페리가 10여 년간 우정을 나눈 작가라고 합니다. 이 작품도 시작은 한 사람을 위한 동화인 거죠. 생텍쥐페리는 자신의 작품에 삽화를 그릴 삽화가를 찾아 2년을 헤맸지만, 자신이 원하는 그림을 그려줄 사람이 없었다고 해요. 그래서 자신이 직접 그림을 그려 넣었습니다.

4. 무민 골짜기의 친구들

핀란드의 국민 동화입니다. 핀란드를 넘어 유럽 전체가 사랑하는 동화죠. 핀란드 사람들은 혼수를 장만할 때 무민이 들어간 물건들을 사 간다고 해요. 무민 접시, 무민 침구세트 같은 것들이요.

5. 와치필드

일본의 마니아들이 사랑하는 동화입니다. 와치필드를 쓴 분은 '이케다 아키코'라는 분이신데, 원래 가죽 인형을 만드는 작가세요. 와치필드라는 인형 전문점을 열고, 다얀이라는 고양이 캐릭터를 만들게 됩니다. 현재까지 20여 년 동안 작품을 쓰고 계신데요. 자신의 전 생애를 동화로 남기겠다고 말씀하시는 분이시랍니다. 원래 처음 시작은 일기 대신 동화를 써야겠다고 생각하고 시작하셨다고 하네요.

'동물원 야간개장'이 출간되기까지 일정

시기	작업
2015년 6월	3차시 동화 쓰기 수업
2015년 8월	선정된 동화 40편 발표 동화 수정에 대한 안내
2015년 9월	학생들이 수정한 동화를 한글 파일로 받음
2015년 10월	학생들의 의도를 파악하고 전문가들과 교정·교열
2015년 11월 ~ 2016년 5월	끝없는 회의와 밤샘 작업

「'동물원 야간개장'이 출간되기까지 일정」

「동물원 야간개장」은 나에게 있어 첫사랑이다. 돌이켜보니, 정말 열심히 했다. 2018년, 이 글을 쓰고 있는 지금의 나라면 할 수 있을까? 의구심이 들 정도로 열심히 했다.

무모했기에 할 수 있었던 일이었다. 그리고 정말 많은 분이 도와주셨다. 참여한 모든 이들이 처음 해보는 일이었다. 삽화를 맡아주신 분들도, 편집을 함께한 분들도, 출판사도, 나도… 그럼에도 불구하고 마음을 모으고 열정으로 함께 하니 꽤 괜찮은 책이 나왔다.

많은 곳에서도 인정도 받았다. 한국출판문화진흥원에서 2016년 9월 청소년 추천도서로, 꿈꾸는 도서관에서 2016년 청소년 추천도서로, 책따세(책으로 따뜻한 세상을 만드는 교사들)에서 2017년 겨울방학 청소년 추천도서로 선정되었다.

동화쓰기 수업

동화쓰기 수업은 1학기에 총 3차시에 걸쳐서 이루어졌다.

[1차시 나를 돌아보고, 나를 캐릭터로 만들어 보기]

1차시는 자신을 돌아보고 자신을 동화 속의 캐릭터로 표현해보는 시간이었다. 솔라리움 그림 카드를 이용해서 자신이 어떤 존재인지 관련 있는 카드 3장을 골라 친구들과 이야기해보고 이를 가지고 자신을 표현하는 활동을 했었다.

아이들에게는 수채 색연필 세트와 A4용지, A4색지를 나누어주고
생각한 자신은 표현하는 활동을 했었다. 특히 여학생들은 자신이
어떤 사람인지 고민해보고 다양하게 표현하는 모습을 보였다.

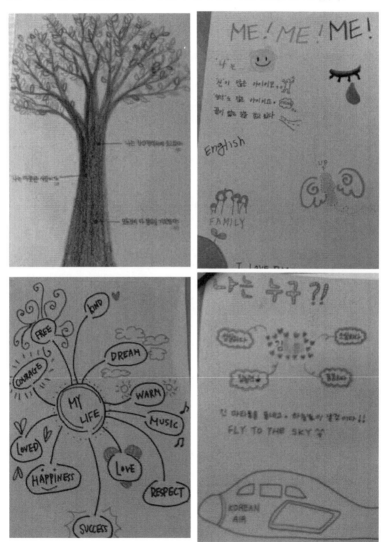

자신을 알아보는 설문을 통해 자신에 대해 생각해보고, 자신을
동물이나 사물로 비유해서 자신의 캐릭터를 만들어 보는 활동으로
이 시간을 마무리했다.

FGI(Focus Group Interview) 설문 문항

*이 내용은 '아띠봄'에서 주신 양식 중 일부입니다. 허락을 구하고 설문 중 일부를 책에 싣습니다.

가이드 라인

1) FGI 인터뷰 도중에는 사적인 대화를 금한다.
2) 참석자 개개인의 의견을 중도에 가로막거나 방해하지 말아야한다.
3) 토의 진행의 주된 목적은 사회자와의 대화가 아니라 참석자들간의 상호작용이다.
4) 설문을 통한 FGI는 '예', '아니오'의 사실 확인이 아닌 응답자의 구체적인 상황과 정서를 파악하는 것이 목표이다. 응답자는 성실하게 자신의 심리를 설명해야 한다.

도입부

'세상에 하나뿐인 나만의 동화책 쓰기 과정'의 원활한 진행을 위하여
FGI 를 진행하고자 합니다. 이번 FGI 는 동화의 보편적 테마인 '꿈',
'사랑', '실패', '위로', '성장'에 관한 키워드와 주요 캐릭터의 성격을
가지고 다양한 질문을 던집니다. 질문에 대한 답변은 여러분의 동화책
기획과 창작의 **토대가 되오니** 성실히 답변해 주시기 바랍니다.
나 자신과 직접 마주보지 않고는 그 어떤 것도 쓸 수 없다는 것을
명심하고, 추상적인 답변보다 본인의 **구체적인 상황과 감정을 솔직하고**
세세하게 적어 주시기 바랍니다. 행운을 빕니다!

나

1-1)당신에게 동화란? 동화에 대한 추억이 있나요?

1-2) 언제 가장 불안을 느끼고(혹은 느꼈고), 그때 어떤 행동을 하나요?(혹은 했나요?)

1-3) 언제 가장 고독을 느끼고(혹은 느꼈고), 그때 어떤 행동을 하나요?(혹은 했나요?)

1-4) 인생에서 경험한 가장 큰 실패는? 그때의 상황과 감정은?

1-5) 인생에서 경험한 가장 큰 성공은? 그때의 상황과 감정은?

[본인 동화의 소재와 테마, 캐릭터 도출]

1) 소재와 테마 도출

1-1) 당신에게 가장 인상적이었던 기억을 요약 정리해 주세요.

1-2) 그 기억을 통해 당신이 깨달았던 바를 요약 정리해 주세요.

2) '본인' 캐릭터 도출

당신의 캐릭터를 그리고, 특징에 대해 요약 정리해 주세요

예시)

"내 앞의 한 사람, 한 사람을 최선을 다해 사랑하면 그게 전체가 되는 거야."

만인의 연인, 태양의 찬란함을 품은 소녀

열여덟 살의 나이로, 명랑하고 친절하다. 태양에서 태어나 지상의 모든 생명체에게 빛과 온기를 전달한다. 아리 가운데 맏언니로 동생들을 보살핀다. 한 사람만 열렬히 사랑하고 싶지만 자신의 빛과 열기가 상대를 다치게 할까 봐 모두에게 고른 마음을 베푼다. 노아와는 깊은 우정을 나누게 된다.

자신을 그대로 드러내는 것이 아니라 동화 속 캐릭터로 자신을 표현하다보니 더 자연스럽게 자신을 표현하는 것이 눈에 보였다. 다양한 방법으로 자신을 드러낼 수 있다는 것을 알게 되었다.

[2차시 동화를 기획하는 시간]

1차시와 2차시 중에는 숙제가 하나 있었는데, 동화가 될 나만의 에세이(수필)를 써보는 시간이었다. 아이들 중에서는 자신의 에세이를 통해 동화를 만들기도 했지만, 그렇게 하지 않고 자신의 상상력을 활용해서 새로운 동화를 창작하는 아이들도 많았다.

이번 차시에서는 정해진 양식을 활용해서 아이들이 자신들의 동화를 기획해볼 수 있게 도왔다. 동화쓰기 원데이 클래스에서 배운 세계의 여러 동화를 소개하고 이렇게 기획하는 것이라고 안내해주었다.

"동화를 쓸 때 가장 중요한 질문은 어떤 주인공으로 어떤 이야기를 쓸 것인가에 대한 것입니다. 즉, **캐릭터, 이야기(사건), 배경**을 만들어야 합니다.

캐릭터는 내가 아는 인물을 동물과 사물로 바꾸어보면 좋은 캐릭터가 나옵니다. 부모님, 친구, 좋아하는 연예인 같은 사람들이요. 그 인물들의 성격을 과장하면 좋은 캐릭터가 탄생하게 됩니다. 멋진 인물은 더 멋지게, 아름다운 인물은 더 아름답게, 악한 인물은 더 악하게 만들어 보는 겁니다.

이야기는 나의 경험을 바탕으로 '풍성한 모험담, 뛰어난 유머, 날카로운 풍자, 기발한 상상력, 섬세한 감성'을 담으려고 노력해보세요. 그 이야기 속 **배경**은 내가 지금 있는 시간과 공간을 상상력을 바꾸어 보면 됩니다. 예를 들면, 만약 내가 있는 이 교실이 우주라면 어떨까요? 어떤 일들이 펼쳐질까요? 만약 우리가 사는 곳이 인

어공주가 사는 바닷속이라면 또 어떤 일들이 일어날까요? 마음껏 상상하세요."

"캐릭터를 만들 때 반드시 드라마에서 인물관계를 설명하는 것처럼 관계도를 그려보세요. 그리고 다음을 고민하면 됩니다.

1. 주인공(나)
2. 주인공이 추구하는 목표는?
3. 주인공을 돕는 캐릭터
4. 주인공을 방해하는 캐릭터

동화에서 동화의 이해를 돕는 **삽화**는 캐릭터 그리기부터 시작하세요. 그리고 나서 인물, 사건, 배경이 집약된 장면들을 그리기 시작하면 됩니다.

중요한 점은 내용을 보지 않고 삽화만 보아도 동화 전체의 스토리가 한눈에 보이도록 핵심적인 사건을 그려야 한다는 것입니다. 삽화는 A4 크기 종이에 그리는데, 책에 들어갈 그림의 크기보다 크게 그려야 합니다. 그림을 크게 그려야 책에 그림을 넣었을 때, 그림의 해상도가 낮아서 생기는 문제가 없습니다. 선이 잘 안 보이는 등의 문제가 없이 그림을 책에 넣을 수 있습니다.

이번 수행평가에서는 1~4개의 삽화를 그리는데요. 1개를 그릴 경우에는 스토리에서 가장 인상 깊은 장면, 2~4개를 그릴 경우에는 가장 중요한 장면을 그려보세요."

뭔가 꿈을 꾸는 수업은 즐겁다. 특히 여학생들이 열심히 참여했다. 이런 창의성을 발휘하는 수업에서는, 남학생들은 기발한 상상을 표현한다. 그 점에 주목해야 한다. 비주얼로 보면 여학생들의 내용이 훨씬 좋아 보이지만, 남학생들의 기발함은 교사를 즐겁게 하는 요소가 있다.

동화 기획서

1. 제　목			
2. 기획의도			
3. 기획내용	(1) 캐릭터 (인물)	캐릭터는 5명 정도, 캐릭터를 한 줄로 설명하면 됨.	
	(2) 소재 (줄거리 요약)		
	(3) 시놉시스 (개요)	1) 카피	내 책을 한 문장 또는 한 단어로 소개
		2) 컨셉	개념(작품의 가치, 장점 등)
		3) 테마	작품의 의도(주제)
4. 기대효과			

학생이 쓴 동화 기획서 예시

~~보이는 발도 두려워하지말고, 용배에고 쑤훓뿌셔 혼 투다.~~

- 빅토르 → 날고 싶은 거북이, 날개바위에서 200년간 나는 연습중임
- 조나단 → 빅토르의 친구, 기러기, 날개바위 터 롯대장
- 윌슨부인 → 빅토르의 엄마, 빅토르 방해, 바다의 여왕
- 돌고 3형제 → 윌슨부인에게 빅토르 이름, 악당

바다의 왕자인 빅토르는 우연히 하늘을 나는 조나단을 목격하여 조나단의 집인 날개바위에 따라나선다. 깨불대고 장난끼 많은 조나단은 빅토르 날지 못할 걸 알지만 매일 새벽 7시 비행 수업을 해주겠다고 약속한다. 빅토르는 바다대의원회의 시작시간 9시 전까지 비행수업을 받고 바다로 가는데 빅토르의 천학을 시기 질투하던 돌고 3형제가 윌슨부인에게 일러바친다. 윌슨부인은 빅토르를 크게 혼내지만 빅토르는 절대 포기 하기 않고 빅토르는 결국 날아오르는 기적을 낳게된다.

✗ 카피

2) 컨셉
불가능한 일에 도전하고 용기를 잃지 않는 빅토르를 통해 ✎ 희망과 용기 배운다.

[3차시 동화 속 캐릭터를 만드는 시간]

맨 위의 사진을 보면 아이가 자신의 작품을 보여주기 부끄러워해서 자신은 손으로 그림과 글을 가리고 있다. 그런데 그런 아이는 한 명이 아니라 많이 있었다. 자신이 만든 이야기가 남에게 보여줄 만한 수준은 아니라고 생각하기 때문에, 그것을 보고 비웃을까 봐… 그런 두려운 마음에 자신을 감추는 것이다.

아마 아이들에게는 이미 그런 경험이 몇 번이나 있었는지 모르겠다. 자신이 하고자 하는 일에 대해 다른 사람의 인정과 칭찬을 받는 것이 아니라 비판과 평가의 시선으로 보이고, 좌절했던 경험이 말이다. 동화쓰기를 통해 책쓰기 수업을 통해 아이들에게 경험하게 해주고 싶은 것은, 아이들에게 자신이 만든 작품이 다른 누군가에게 가치 있는 것으로 인정받는 일이었다.

이후 4~5차시는 자유롭게 아이들이 자신들의 동화를 쓸 수 있게 시간을 주었다. 아이들이 제출한 동화를 보고 총 47편의 우수 동화를 선정했고 아이들에게 수정을 요청했었다. 그리고 최종적으로 「동물원 야간개장」에는 총 19편의 동화가 실렸다.

이 일에 의미를 두고 열심히 했던 아이들만이 동화를 책에 실을 수 있었다. 이 작업을 진행하며 가장 눈에 띈 학생은 '윤정수'란 아이다. 내가 가장 기대했던 아이이기도 했다. 아직 끝나지 않은 동화를 가져왔지만, 이 이야기를 끝내야 한다고… 그래야만 한다고 이야기했었다.

정수가 쓴 '닐리이야기'를 통해 내가 가장 위로받았다. 나중에 정수가 책을 쓴다면 내가 가장 먼저 열성 팬이 될 것이다.

「동물원 야간개장」을 만들며 깨달았습니다

'동물원 야간개장'에 실린 동화들은, 이 일이 가치 있다고 여기는 아이들의 작품들이다. 이런 아이들만 이 일에 끝까지 참여할 수 있었다. 뭔가 해보고 싶다는 욕심이 있는 아이들만 끝까지 할 수 있었다. 좋은 아이템이나 특별한 생각을 하던 아이 중에서도 중간에 어렵다며 포기하는 아이들이 있었다. 아쉽지만 어쩔 수 없었다. 조금은 부족하다고 느껴졌던 스토리라도 끝까지 붙들고 가져온 아이들의 것은 내가 포기할 수 없었다. 결국 그 아이들의 작품들은 책에 쓰였다.

그리고 나도 나의 글을 쓰며 계속 실수하고 놓치고 있는 부분인데, 글을 가만히 들여다보면, 계속 누군가를 가르치려고 하는 것이 너무 눈에 보이는 글이 많았다. 동화라고 하면 뭔가 교훈을 주어야할 것 같은 생각에 다른 사람들을 가르치려고 하게 되고, 결국 작품에 힘이 들어가게 된다. 근데 그걸 읽는 독자는 그 힘을 들어간 글을 읽는 것이 진짜 힘이 든다. 모든 글은 힘을 빼고 써야 한다. 주제를 있는 그대로 보여주려고 할 때, 군더더기는 모두 없애고 보여줄 때, 독자들은 그 글을 좋다고 여기게 된다. 그래서 그 부분을 지도하려고 애썼다.

9월에는 학생들의 글을 하나하나 보고, 개별적으로 수정할 부분을 알려주고 수정해오길 부탁했다. 그런데 나의 교정을 받은 아이들의 표정은 좋지 않았다. 생각해보면, 아이들은 자신들의 의도나 생각을 듣지 않고 마음대로 자신들의 생각과 글을 가위질하는 태도로 이야기하는 나와 대화하는 것이 힘들었을 것이다. 내 말을 듣고 아이들이 수정해온 글들은 오히려 원래의 글들보다 매력이 떨어졌다. 생각해보면, 그때는 내가 나 스스로 글을 쓰는 전문가가 아니라고 생각했고, 내가 책을 편집해야 한다는 사실이 두려웠다. 그렇기 때문에 아이들의 이야기를 들을 여유가 없었던 것 같다.

9월의 어느 날, 편집을 함께 하는 박가희 편집자님이 서울에서 오셔서 아이들의 이야기를 듣는 시간을 가졌다. 글을 바꾸기 위해 이야기를 듣는 것이 아니라 아이들의 진짜 속마음을 듣고 싶어 하시는 것 같았다.

아이들의 훨씬 밝은 표정을 보고 깨달았다. 글은 시간을 두고 찬찬히 이야기해야 하는 것임을… 아이들의 이야기를 충분히 듣고 내 생각을 전달해야 함을… 보아야 하는 것은 글이 아니라 바로 아이들임을…

늘 아이들은 아이들의 수준에서 최고의 글을 쓴다. 아이들이 집중해서 자신의 이야기를 썼다면, 아이들이 쓴 첫 글이 주는 순수한 그 느낌이 거칠다고 고치려 할수록 글 자체의 매력은 떨어졌다. 아이들과 글쓰기, 특히 답이 없는 자유로운 주제의 글쓰기에서는 아이들이 최선을 다해 쓴 첫 글, 초고(草稿)가 가장 좋은 글일 경우가 많다.

그것을 알고 나서부터는 아이들에게 "너의 글을 편집자가 편집해도 되겠니?"라며 양해를 구하고 편집자와 상의하며 아이들의 글을 편집하기 시작했다. 작가로서 자신의 글이 다른 사람에 의해 편집당하는 것은 마음이 아픈 일이다. 그래서 아이들의 이야기를 듣고 또 들으며 최대한 아이들의 의도를 살려서 편집하려고 노력했다.

이후에는 팀으로 작업을 했다. 나 혼자서는 할 수 없는 거대한 작업임을 느꼈기에 계속해서 도움을 주실 분들을 찾고 찾았다. 솔직히 말하면, 학생들의 글이 과연 책으로 낼 수 있는 수준인가부터 다시 생각하고 시작해야만 했다. 학생들의 스승인 나로서는 제자들의 글이 읽힐 만한 가치가 있는 글이라고 계속 생각하고 있었다. 눈에 콩깍지가 씌어 있는 상태로 그 글들을 사랑스럽게 보았지만, 다른 분들이 객관적인 시선으로 보았을 때, 기존의 책에 비해서는 정말 부족한 글이었다. (그게 나도 시간이 지나서 보였다. 많은 책을 더 읽고, 더 많이 생각하고, 더 깊어지니 다른 분들의 말이 가슴에 들어왔다.)

하지만, 아이들이 쓴 글을 한 편도 놓치고 싶지 않았다. 책이 나올 때까지 학생들의 글을 지겹게 본 것 같다. 편집자들이 돌아가면서 보고 또 보고, 편집하고 또 편집했다. '더 이상은 여기 있는 글들은 보고 싶지 않아'라는 생각이 가슴에 가득 찰 즈음에야 책을 낼 수 있었다.

책은 출간하고 끝이 아니라, 새로운 시작이다. 홍보해서 책을 많은 사람에게 알려야 하기 때문이다. 책은 독자들에게 읽힐 때에만 의미가 있다. 책이 많은 사람에게 읽히기 위한 다양한 방법이 있겠지만 가장 효과가 좋은 방법 2가지를 알고 있다.

불법적인 방법으로는 사재기가 있다. 모든 물건이 그렇겠지만, 사람들이 많이 읽었다고 하면 그 책은 많이 팔리기 마련이다. '남들이 많이 읽었으니 좋은 책일 것이다.', '다른 사람들이 많이 읽은 책은 나도 읽어야 한다.'라고 생각하게 된다. 책을 사서 읽는다. 그래서 많이 팔리는 책은 더 많이 팔리게 된다. 그래서 출판사 중 일부는 자신들이 낸 책을 사재기해서 책을 홍보한다.

또 하나의 방법은 합법적인 방법으로 서평단을 모집하는 것이다. 책을 읽고 서평을 써줄 사람들을 모집하여 인터넷 서점과 자신들의 블로그에 서평을 쓰도록 하는 것이다. 책을 읽는 사람들이 모인 인터넷 서점과 내가 살 책을 검색하는 네이버 같은 검색사이트에서 다른 사람들의 서평은 책을 사는데 중요한 기준이 되기 때문이다.

내가 개인적으로 활용한 방법은 나와 아이들이 쓴 책을 추천도서로 보내보는 것이었다. 그래서 '한국출판문화산업진흥원', '꿈꾸는 도서관'에 책을 보냈는데, 감사하게도 청소년 추천도서로 선정되었다. 특히 '출판문화산업진흥원'에는 매달 몇 백 권의 책이 추천도서로 접수된다는데, 그중 매달 10권이 청소년 추천도서로 선정된다. 그런데 나와 아이들이 쓴 책이 인정받아서 참 좋았다.

그리고 나는 「동물원 야간개장」을 기사를 통해 홍보하고 싶었지만, 청소년들이 책을 낸 것을 보도자료로 냈지만 아무런 이슈가 되지 않았다. 그래서 방법을 찾다가, 오마이뉴스의 시민기자로 등록했다. 그리고 나서 이 책이 어떻게 해서 쓰였는지, 그리고 어떤 꿈을 꾸고 있는지를 기사로 썼다. 이 책이 쓰이기까지 과정이나 책을 쓴 의도가 책 자체의 내용보다 더 많은 관심을 받게 되었다. 덕분에 지역 라디오 방송에 나와 인터뷰를 하고, SBS의 대전지역 방송인 TJB 뉴스로 「동물원 야간개장」이 나오기도 했다. 이러한 경험을 통해, 길을 찾다 보면 막힌 줄 알았던 길이 열리는 순간들이 온다는 것을 깨닫게 되었다.

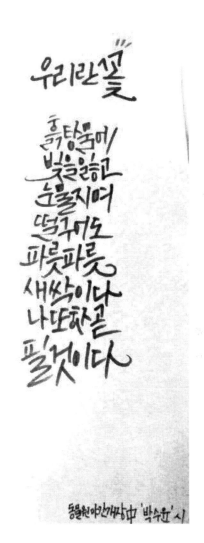

동물원 야간 개장에 담긴 아이들의 마음

책에는 작가들의 마음이 담깁니다. 작가가 된 아이들의 마음을 이 공간에 담고 싶어서 아이들의 이야기를 가져왔습니다.

보잘것없는 사람도 누군가에겐 영웅이 될 수 있다는 걸 말하고 싶었어요.

이은규, 〈히어로 히로〉

사람들이 바쁜 일상 속에서도 가끔은 하늘을 바라보았으면 하는 마음을 담았습니다.

이미혜, 〈너와 나의 하늘〉

글쓰기를 진행하며 묵쌤과 이야기를 나누는데 계속 웃으며 제 얘길 듣고 계신 모습이 참 좋았어요.

권민지, 〈너와 나의 하늘〉

부모님이 어렸을 때부터 꿈은 크게 가지고 자신을 믿으라는 말씀을 많이 하셨어요. 그것이 꿈을 위해 열심히 노력하는 계기가 되었고 자신감도 많이 생겼습니다. 그래서 이 말을 더 많은 사람에게 알리고 싶었어요.

정하승, 〈보리스의 위대한 모험〉

너무 힘이 들 때 혼자 고민하는 것보단 누군가에게 이야기하는 것이 큰 위로가 된다는 것을 사람들이 알았으면 좋겠어요.

정윤지, 〈여우의 꽃나무〉

우리도, 어른들도 좋은 대학에 가기만을 바라는 모습이 바뀌었으면 하는 마음에 글을 쓰게 됐어요.

박수윤, 〈해를 보지 않는 해바라기에게〉

사람들이 남의 시선과 지적에 굴하지 않고 자신이 원하는 꿈을 위해 열심히 살아갔으면 해요.

김지윤, 〈꿈의 정원〉

화를 잘 내는 사람들의 특징은 부정적인 마음을 가졌기 때문인데 이런 마음을 긍정적으로 바꾸면 아마 세상이 바뀔 거예요. 착한 마음은 누구나 갖고 있죠. 그 착한 본성을 우리 모두가 찾길 바라요.

김도훈, 〈내가티브 이야기〉

주변 환경 때문에 진심으로 하고 싶었던 일을 포기하는 경우가 있는데, 그럴 때 포기하지 않고 하고 싶은 일을 꾸준히 하다 보면 분명 좋은 결과가 있을 거라고 말하고 싶었어요.

노성현, 〈피리소리〉

꿈을 지키고 그것을 보듬어 돕는 것은 나 자신뿐이라는 사실을 저 스스로에게 가르쳐주고 싶었어요.

윤정수, 〈닐리 이야기〉

글을 쓰며 지금 내가 뭔가 특별한 것을 하고 있다는 생각이 자꾸만 들었는데, 그냥 너무 설레고, 너무 좋았어요.

박서영, 〈정말 아름다워〉

그냥 솔직하게 쓴 나의 얘기가 시가 될 수 있음을 배웠어요.

윤지해, 〈18〉

요즘 개성을 고집이라 생각하는 사람도, 다른 것과 틀린 것을 구별하지 못하는 사람들도 꽤 많은 것 같아요. 그럴 필요 없는데.

조연희, 〈짜장 짬뽕 탕수육〉

제 얘기를 누군가는 공감 못 할 수도 있지만, 공감할 수 있는 누군가가 훨씬 더 많을 거라 생각 돼요. 그런 제 이야기를 담았어요.

김희경, 〈예쁜 마음 상담소〉

말을 툭툭 내뱉는 친구들을 위해 저의 실제 이야기를 써봤어요.

권지현, 〈보보와 바바〉

초등학생 때 동물과 대화하던 순수한 마음이 그리웠어요.

전애린, 〈어항 속 금붕어〉

힘든 순간이 올 때마다 나라도 나를 위로해주자는 생각에 그려본 그림이에요.

배효정, 〈토닥토닥〉

동물원 야간 개장 책 정보 소개

- 실제로 출간을 한다면, 책 정보를 소개하는 글도 써야하기에 「동물원 야간개장」의 책 정보를 공개합니다.

[책 소개]

동물원 야간개장에 입장한 순간 나의 일상은 동화와 시가 된다. 한낮을 살아도 밤인 것 같은 청소년들에게 설렘을 선물하는 책! 「동물원 야간개장」

현실을 사는 평범한 고등학생들이 자유롭게 자기 생각과 삶을 동화와 시로 바꾸니, 늘 똑같은 일상이 특별해졌다. 청소년들은 이 책을 통해 나와 친구들, 또는 언니, 오빠들의 민낯인 마음을 읽으며 따뜻한 미소를 짓게 되고, 자신도 이들과 같이 반짝이는 삶임을 알게 된다. 풍부한 상상력, 재미있는 발상, 감동적인 표현… 무지갯빛으로 우리에게 다가오는 이야기는 내 삶도 한 번쯤 그들과 같이 표현하고 싶게 만든다. 그리고 그 마음을 적을 수 있게 많은 여백과 활동, 자유이용권으로 동물원 야간개장은 늘 열려있다. 그래서 「동물원 야간개장」은 나를 들여다볼 수 있는 책. 내가 사랑하는 친구와 함께 읽고 싶은 책. 그리고 나를 이 한 권의 책에 담아 누군가에게 선물하고 싶은 그런 책이다.

또한, 이 책에는 작가인 학생들의 꿈과 마음을 따뜻하게 바라보는 교사의 마음이 잘 드러나 있다. 책을 엮은 '임진묵 교사'는 평소 수업에서 아이들 한명 한명을 소중한 존재로 대하며 삶으로 만나려고 했다. 이러한 마음에서 이 책에서는 학생들의 작품마다 교사로서 어른으로서 해주고 싶은 말을 작품 끝에 덧붙여, 작품에 의미를 부여하며 소통했다. 아니, 정확하게는 이 책을 만드는데 참여한 모든 어른이 학생들의 마음과 꿈을 지켜주려고 고민했고, 책의 곳곳에는 이러한 어른들의 마음이 잘 표현되어 있다. 그래서 이 책은 '부모와 자녀'나 '교사와 학생'이 함께 읽으며, 함께 꿈꾸고 소통하기 좋은 책이다.

[목 차]

[출판사 리뷰]

「동물원 야간개장」은 나의 마음을 비추어 줄 거울입니다.
서로의 진짜 모습을 설렘 속에 이야기할 수 있는 축제입니다.

나의 삶이 특별해지는 시간

동물원 야간개장은 평범한 고등학생들의 평범한 국어 시간에서 시작되었다. 아이들의 생각과 그들의 이야기를 듣는 걸 좋아하는 교사로부터 시작된 동화 쓰기, 시 쓰기 수업. 아이들은 민낯인 마음을 쏟아냈고 묵쌤은 진심으로 듣고 바라보았다. 글은 별처럼 빛나고 아이들은 특별해졌다. 독자 역시 어느 순간 따뜻한 미소를 지으며 책장을 넘기는 자신과 마주하게 될 것이다. 글을 읽으며 자신의 삶도 이들과 다르지 않음을, 지금도 이들처럼 반짝이는 삶을 살고 있음을 깨닫게 될 것이다.

일상이 설렘으로 바뀌는 시간

나. 친구. 꿈. 가족. 고민.
어떤 아이는 유머러스하게, 어떤 아이는 생각지도 못한 사소함을 아주 특별하게, 어떤 아이는 진짜 소설작가처럼 감동적인 글로 표현했다.

풍부한 상상력에 한껏 웃음이 터져 나오기도 하고, 때론 답답함과 애잔함에 아이들을 더 들여다보고 싶은 마음이 들게 하는 '동물원 야간개장'.

이렇게 평범한 소재로 삶을 그려낸 시와 동화를 보며 내 삶도 한 번쯤 그렇게 표현해보고 싶게 만드는,

일상에 지칠 때, 밤이라는 특별한 시간을 찾아 마음 맞는 친구, 혹은 가족이나 연인과 동물원 야간개장을 찾는 것처럼 일상에 설렘을 선물해주는 책이다.

나를 선물하는 시간

현실을 사는 평범한 고등학생들이 자유롭게 자신 생각을, 동화와 시로 바꾸니 그들의 늘 똑같은 일상이 상상 이상으로 특별해졌다. 동물원 야간개장에 있는 많은 여백과 활동, 자유이용권은 우리의 닫힌 생각을 풀어놓을 수 있도록, 지루한 일상을 재미있게 끄적여 볼 수 있도록, 그러는 동안 내 안의 진짜 나를 들여다볼 수 있도록 열려있다. 말로는 표현되지 않던 것들, 대화로 풀기엔 더 꼬여만 가던 것들을 글로 쓰다 보면 좀 더 위트있게, 더 진실하게, 더 의미 있게 그려질 것이다.

그래서 동물원 야간개장은 나를 들여다볼 수 있는 책, 그래서 내가 사랑하는 사람들과 공유하고 싶은 책, 나를 이 한 권의 책에 담아 친구나 부모님께 선물하고 싶은, 그런 책이다.

[쓰고 엮은이 소개]

■ 쓰고 엮은이: 임진묵(묵쌤)
봄빛 남매의 아빠이며 국어와 학생을 사랑하는 교사.
수업에 대한 열정과 애정으로 다양한 시도를 하는 선생님.

'우리의 수업은 축제다'와 '감격국어'를 비전으로 품고 아이들을 가르치고 있다. 수업 수다를 좋아하고, 민낯 수업 나눔을 즐길 줄 안다. 대전행복한수업코칭연구회에서 5년째 수업성찰의 즐거움을 누리며 성장하고 있으며, 좋은교사수업코칭연구소의 수업코칭 활동가로 활동 중이다. 이번에는 대전지족고등학교 학생들과 함께 동화와 시를 쓰고, 따뜻한 시선으로 편집하여 「동물원 야간개장」의 문을 열었다.
(블로그: http://blog.naver.com/gtmuk)

◉ 수업으로 책을 쓰고 나면 저자를 어떻게 표기할까도 고민되는 문제인데, 작가를 교사와 학생 모두로 적어주는 것이 가장 좋은 방법이라고 생각된다. 이 책을 낼 때는 저자로 대전지족고등학교 학생들이라고 쓰면 처음 보는 사람들이 학생들이 낸 책이라고해서 편견을 가질까봐 저자를 내 이름으로 썼는데, 실제 글은 내가 쓴 것이 아니라 고민이 있었다. 그러한 문제를 해결하는 방법은 교사와 학생의 이름을 모두 적는 것이다. 그러니까 다시 책을 내게 된다면, 저자로 '임진묵, 대전지족고등학교 학생들(혹은 학생 이름)'으로 낼 것이다.

오마이뉴스 기사

제자들과 책 낸 교사, 바로 접니다
고2 제자들과 시, 동화 모음집 〈동물원 야간개장〉을
펴내기까지

분명 문제였다. 내가 가르치는 아이들의 대부분은 문학을 '문제'로만 대했다. 가슴 깊이 느끼는 감상을 하지 않고 빠르고 정확하게 문제를 푸는 것에 집중했다. 그러면서 문학 작품을 지루해하고 어려워했다. 나는 어떻게 하면 아이들이 문학을 삶으로 대할 수 있을까를 고민하고 수업에 적용하려고 노력했다. 그러던 중 '동화'를 만났다.

▲ 〈동물원 야간개장〉 지은이들이 모여 함께 꿈을 꿀 수 있어 행복합니다.

어린 자녀를 둔 아빠라면 누구나 자녀들에게 동화 한 편쯤 읽어준 경험이 있을 것이다. 우리는 어렸을 적 그렇게 동화로 세상을 만난다. 이해하기 쉽고 재미있기 때문이다. 동화를 어린이들만 읽는다는 것은 편견이다. 어른인 나도 동화를 읽어주며 많은 것을 배우고 깨달았다. 그래서 나는 동화를 수업에 넣고 싶었다.

그러던 차에 한 잡지에서 동화책을 어려운 나라에 보내준다는 광고를 보았다. 언제가 될지 모르지만 내가 만든 책을 보내주고 싶은 마음이 들었다. 사실 지난 2013년 여름 아프리카 탄자니아로 단기 봉사활동을 다녀왔다. 봉사 때 만난 눈이 호수같이 커다랗고 아름다웠던 아이들이 생각났다. 그 눈으로 내 제자들이 쓴 동화를 읽는 모습을 상상했다. 그리고 그 탄자니아 아이들이 쓴 동화를 나의 제자들이 읽는 장면도 그려 보았다.

생각을 실천에 옮기기로 했다. 단기봉사를 다녀왔던 단체인 '(사)위드'에 이런 생각을 말하고 책을 내고 싶다고 말했다. '(사)위드'에서는 한 번 해보라고 말씀해주셨다. 그래서 2015년 3월, 동화쓰기 수업을 본격적으로 시작했다.

"얘들아 올해에는 1점짜리 수행평가가 있어. 동화쓰기 수행평가. 그리고 잘 쓴 작품들을 가지고 책을 낼 거야."

나는 일단 고등학교 2학년이 된 제자들에게 선포했다. 아이들은 나의 말을 반신반의하면서도 호기심을 보였다. 첫 수업 이후, 집에 있는 아이들의 동화를 빼돌리기 시작했다. 그리고 수업을 시작할 때 읽어주었다. 〈사과가 쿵〉, 〈도서관에 온 사자〉, 〈우리 가족입니다〉, 〈구름빵〉, 〈머나먼 여행〉 등을 읽어주며 학생들과 소통했다. 아이들은 의외로 동화를 좋아했다.

그런데 나는 동화를 써본 적도 없고 어떻게 써야 하는지도 전혀 몰랐다. 인터넷을 뒤져 동화쓰기를 배울 수 있는 곳이 있는지 혹은 강의를 해주실 수 있는 분이 계신지 찾았다. 찾다보니 아띠봄의 대표인 박영주님을 만날 수 있었다. 그렇게 대전지족고등학교에 동화책 쓰기 워크숍이 열렸다. 참여한 학생들도 배우고 나도 함께 배웠다. 그 뒤에야 제대로 된 동화책 쓰기 수업을 시작했다.

처음에 아이들은 동화책 쓰기를 주저했다. 글을 쓰는 것은 자신의 마음을 드러내는 일. 그 일을 아이들을 부끄러워했다. 그리고 자신의 글을 보여주는 것을 꺼려했다. 그러나 곧 마음과 생각을 나누는 수업의 소중함을 느꼈다. 책을 낸다는 이야기에 적극적으로 참여하는 아이들도 있었다.

아이들이 자신의 삶과 민낯인 마음을 드러내기 시작했다. 나는 그 마음을 따뜻이 바라보려고 많은 노력을 기울였다. 그리로 정말 많은 분들이 도움을 주셨고, 나는 그분들과 팀으로 일했다. 아이들의 마음을 놓치지 않고 잘 표현되게 하려고 최선을 다했다. 그렇게

〈동물원 야간개장〉은 세상으로 나올 수 있었다.

앞에서 말했듯 〈동물원 야간개장〉은 평범한 고등학생들의 특별한 동화와 시를 담은 책이다. 편하게 친구에게 말하듯 자유롭게 자신의 이야기를 펼쳐놓은 이 책에는 '아이들의 마음'이 들어있다.

그 마음을 읽고 있노라면 어느 순간 따뜻한 미소를 지으며 나도 이들과 같이 반짝이는 삶을 살았고, 지금 살고 있음을 깨닫게 된다. 그리고 책을 쓰며 힘들었던 순간마다 아이들의 글이 위로와 힘이 되어 주었다.

책에서 어떤 아이는 유머러스하게, 어떤 아이는 생각지도 못한 사소함을 특별하게, 어떤 아이는 진짜 작가처럼 감동적인 글을 쏟아냈다. 그 글들 끝에는 따뜻한 시선을 담아 댓글을 쓰려고 노력했다. 그리고 매 챕터 끝에는 독자가 참여하여 자신의 마음을 동화로 시로 표현하는 '자유이용권' 페이지를 넣었다.

그래서 이 책의 장르를 쉽게 말하기 어렵다. 이 책은 살다 보면 어떤 날, 어두운 밤 같은 마음을 품게 되는 독자들을 위한 '종합선물'과 같은 책이 되었으면 좋겠다. 편집에 참여하신 분들은 읽을수록 자신의 마음을 동화와 시로 표현하고 싶은 마법 같은 책이라고 말했다.

나는 이 책이 청소년에게는 공감의 힘을, 선생님에게는 동행하는 기쁨을, 부모님에게는 10대인 자녀에 대한 이해와 소통을 선물하는 책이 되길 기대한다. 어린 아이들에게 읽어주기 좋은 동화들도 실려 있어 젊은 부모들이 자녀에게 읽어주며 즐거움을 느낄 수 있을 것이다. 참고로 4살과 6살인 나의 자녀들도 좋아한다.

나는 여전히 꿈을 꾼다. 이 책이 번역되어 탄자니아 아이들이 이 책을 보는 것을. 그리고 그 아이들의 삶을 〈동물원 야간개장2〉에 싣는 꿈을.

"남이 가진 별은 네가 바라고 꿈꾸던 네 별이 아니야. 네가 겪은 지겨움, 피곤함, 포기의 순간, 갈등, 그 모든 잿빛 색깔이 밴 너의 그릇에 담긴 별만이 네가 꿈꾸던 그 별일 수 있는 거야."

-〈동물원 야간개장〉, 닐리 이야기 중에서

*다음 쪽부터는 '해를 보지 않는 해바라기에게'라는 동화의 초고(맨 처음에 쓴 원고와 최종 수정본을 싣는다. 초고에서 최종원고로 어떤 내용이 바뀌었고, 왜 내용을 바꾸었는지 볼 수 있도록 책에 싣는 것이다. 이 동화를 선정한 것은 내가 주도적으로 수정한 동화이면서 초고의 내용이 어떻게 바뀌었는지를 잘 보여줄 수 있는 작품이기 때문이다.

  [초고] 그로빅 이야기 : 나도 이제 꿈이 생겼어! (62~69쪽)

  [최종 원고] 해를 보지 않는 해바라기에게 (70~76쪽)

  *두 개의 원고를 복사해서 아이들과 함께 어떤 부분이 바뀌었고, 또 어떻게 바꿀 수 있을지, 바꾼 의도가 무엇일지 생각해보는 것도 좋은 활동이 되리라 생각해본다. '책따세'에서는 「동물원 야간개장」의 추천 학년을 중1로 설정했다. 내용이 어렵지 않으니, 중1부터 이러한 활동을 할 수 있을 것이다.

[초고] 그로빅 이야기 : 나도 이제 꿈이 생겼어!

글쓴이 : 박수윤

저기 멀리 산을 넘고 강을 건너면 아름다운 노란색 해바라기 꽃밭이 있답니다.

그곳에는 내년이면 어른 해바라기가 되는 소년 해바라기, 그로빅이 살고 있었어요.

그로빅의 형도, 옆집 누나 론저도 다 해님만 바라봤어요.

꽃밭의 모든 해바라기들은 다 해님만 바라봤어요.

그로빅의 부모님은 늘 말씀하셨죠.

훌륭한 어른 해바라기가 되려면 저 해님에 닿아야한다고, 해님을 향해 열심히 자라라고.

그래서 그로빅은 매일 해님만을 바라보며 자랐어요. 다른 일은 할 생각조차 하지 못했어요.

해님이 잠드는 시간이면 할 일이 없었어요. 그로빅은 그 시간이 너무 지루했어요.

그러던 어느 날이었어요.

위이이잉 위이잉

"안녕? 나는 로스야. 너는 이름이 뭐니?"

" 나는 그로빅이야."

"그렇구나, 나는 지금 자유롭게 세상을 보고 느끼고 배우기 위해 여행길에 있어. 멋있지 않니?"

"여행? 나도 여행가보고 싶다. 나는 해님을 향해 1cm라도 더 자라야하기 때문에 여행을 갈 여유가 없어서 한 번도 가보지 못했거든."

"여행은 정말 좋은 경험인데 너무 아쉽다. 당분간 나를 너의 꽃잎아래에서 지낼 수 있게 해준다면 나의 흥미로운 여행이야기를 들려줄 수 있는데, 나에게 너의 자리를 조금 내어주겠어?"

"좋아! 나의 이 큰 꽃잎아래만큼 아늑하고 안전한 곳이 또 없지!"

다음 날 아침 로스는 일찍 짐을 챙겨 여행을 떠났어요.

하루 종일 그로빅은 해님에게 가까이 가기위해 양분을 흡수하고 열심히 몸을 늘였어요.

어느 덧 해가 저물고 로스가 돌아왔어요.

"내가 왔어 그로빅! 오래 기다렸지?"

"왔구나! 오늘은 어디로 여행을 다녀왔니? 어서 네가 본 것들을 이야기해줘~"

"알았어, 알았어. 저기 건넛마을 미루나무 옆에 보여? 노란색 꽃밭이 보이니? 저기에 가면 너와 똑 닮은 꽃들이 참 많이 있는데 그곳을 다녀왔어."

로스는 오늘의 여행을 그로빅에게 차근차근 말하기 시작했어요.

"내가 말이야 노란 꽃밭에 도착을 했는데, 너희 동네와는 다르게 꽃들이 작고 말라있는 거야. 꽃들이 힘도 없고, 구부정하니 고개를 숙이고 있었어. 한낮의 해님이 저 위에 쨍하니 비추는데도 말이지. 당황스러운 나머지 주위를 둘러보는데 어디선가 울음소리가 들렸어. 밀레라는 어린 소녀였지."

나는 물었어.

"너는 왜 울고 있니? 어째서 자라기 위해 노력하지도 않고 해님을 바라보지도 않고 있니?"

밀레는 울먹이며 말했어.

"저기 저 크고 빛나는 해바라기가 보이니?"

나는 밀레가 가리키는 곳으로 고개를 돌렸어. 워낙 길었을 뿐더러 모두 고개를 숙이고 있어서 나는 바로 찾아낼 수 있었지.

"응. 보여. 왜 저 할아버지만 해님을 향해 가는 거야? 너희들도 어서 노력을 해야지 이렇게 놀고만 있으면 어떻게 해?"

밀레는 없는 힘을 모두 쥐어짜내서 내게 소리 질렀어.

"저 영감이 우리의 양분을 모두 가져가버린걸!! 우리에게도 해님을 향해 자라던 시절이 있었어!! 지금은 그러고 싶어도 몸을 늘일

힘조차 없는 걸 왜 지금 우리 탓을 하는 거야?"

맞아. 저 할아버지가 자신이 더 높이 더 빨리 남들보다 더 쉽게 해님에 닿겠다고 같은 동네 꽃들의 양분을 다 빼앗아간 거야. 결국 저 할아버지만 하늘에 닿을 듯 높이 자란 거지.

그날도 그 할아버지는 1M나 자라났어. 하나 둘씩 할아버지 옆에 있던 병든 해바라기들이 죽어갔어. 전혀 아랑곳하지 않고 할아버지는 제 몸 늘이기에 바빴지. 옆의 젊은이들이 그만하라고 소리쳤지만 그 소리들은 할아버지의 욕심에 묻혀 버렸지.

"그래서 어떻게 되었어? 그 할아버지는 지금 해님과 함께 있어?? 다른 꽃들은 병이 더 심해진 거야?"

"아니, 그 할아버지는 꺾여 버렸어. 다른 꽃들의 양분을 모두 빼앗아갔지만 하루에 몇 미터씩 몸을 늘일 만큼 충분하진 않았던 거야. 속이 텅텅 빈 채로 위로만 위로만 올라갔던 거지. 오늘 따라 바람이 세게 불더니만 처음의 그 욕심 가득한 얼굴로 모든 것을 빼앗던 모습은 온데간데없고 그냥 힘없이 픽 꺾여버렸어. 지나친 욕심이 화를 불러낸 거지. 꺾여 버린 그를 본 사람들은 정말 많았어. 하지만 그 누구도 그를 도와주려 하지 않았지. 오히려 다른 사람들은 그에게서 나온 양분을 되찾아가기 바빴어."

밀레는 심지어 그의 끝에 환호했어.

"제 힘든 게 싫어 노력은 하나도 하지 않고 남의 것을 빼앗아 발편히 뻗고 해님에 닿을 궁리나 하다니. 결국 저렇게 될 줄 알았지. 못된 꾀만 쓰고 자기만 알더니 잘 되었다!"

나쁜 일은 저지른 이가 벌을 받은 것은 당연한듯하지만 참 슬픈 일이지? 누군가의 끝이 좋아할만한 일이 된다는 게.

로스의 이야기를 따라 그날 밤이 그렇게 지나가고 있었어.

해가 밝아 로스는 다시 여행을 떠났고 남은 그로빅은 생각했지.

자신은 나중에 크면 저 할아버지처럼은 되지 않겠다고.

오늘 낮도 그로빅은 저 해님만 바라보고 있었어. 왜냐하면 해님에 더 가까워지도록 몸을 늘이는 게 그로빅이 해야 할 일이었기 때문이지. 하지만 어제와 같은 일을 하고 있지만 왠지 다른 기분이었어. 뭔지 모를 그 느낌을 안고 그로빅은 로스가 돌아오길 기다렸지.

어둑어둑해질 즈음 로스가 돌아왔어.

"로스 왔어? 오늘은 어딜 다녀왔니?"

"오늘은 너희 마을 동쪽 끝에 있는 강을 건너면 나오는 솔마을에 다녀왔어."

"솔마을? 소나무들이 모여 사는 곳 맞지? 그곳에 가서는 어떤 것을 보았니?"

"아주 멋있는 것을 보았어. 내가 여태 본 것 중에서 가장 웅장하고 가장 멋있었어."

내가 무엇을 보았냐면...

솔마을은 시작부터 기분이 좋았어.
나는 향기로운 것을 좋아하는데 솔마을이 딱 그랬거든.
강을 건너자마자 솔향기가 솔솔 풍겨오는 게 거친 강바람에 지친 내 몸을 가볍게 해주었어.

강가부터 솔마을 소나무들이 늘어서 있었는데 하나같이 나무통이 굵고 튼튼해 보이더라고
잎들도 청록색의 건강한 빛이었어.
다들 바람에 맞추어 손끝을 가벼이 휘저으며 춤사위를 선보였지.
난 그들 중 한명에게 물었어.

"무슨 좋은 일이 있었어요? 기분이 무척 좋아 보이네요!"
그 소나무는 대답했지.
"평소와 다를 게 없는 하루인걸요? 어제와 같이 기분 좋은 하루랍니다~ 랄라라~"

그 소나무는 어제도 오늘도 행복했나봐. 콧노래까지 흥얼거리더라고. 나는 마을 안으로 좀 더 걸어 들어갔어.

강가의 소나무처럼 다들 행복한 모습이었어. 나는 이곳에 오래 산 것처럼 보이는 아주머니께 여쭤 보았어.

"아주머니, 솔마을 나무들은 왜 다들 기분이 좋아 보이는 건가요? 최근에 마을에 무슨 좋은 일이라도 있었나요?"

아주머니께서는 활짝 웃으며 마을의 이야기를 하기 시작하셨어.

" 저기 저 뒷동산 위의 커다란 소나무할머니 덕분이란다. 내가 태어나기도 전부터 계신 분이라는데 그 때부터 지금껏 한 발짝도 움직이지 않으시고 그 자리를 지켜주고 계시지.

저분은 아주 오래전 저곳에 심어져 수 천 번의 폭풍에도 쓰러지지 않으시고, 자신의 양분을 주변 소나무들에게 나눠주며 이곳을 성장시키셨지. 저 할머님 덕분에 우리는 큰 해충도 물리칠 수 있었고, 할머님의 깊은 뿌리 덕분에 태풍에도 쓰러지지 않을 수 있었고, 좋은 영양분을 받아 이렇게 건강해진거야. 솔마을 나무들에게 저분처럼 감사한 분이 또 없단다. 우리 마을에 없어서는 안 될 분이지."

이 마을에는 저 할머니소나무가 계셔서 사람들이 그렇게 행복했던 거야. 나무 한그루가 그 수많은 나무들을 행복하게 할 수 있다는 게 너무 놀라웠어. 비록 나는 꿀벌이라 어딘가에 깊게 뿌리 내려서 흔들리는 다른 이들을 붙잡아주고 나의 것을 나눠 주기는 힘들겠지만 다짐했지. 저 할머니소나무처럼 오래오래 도움을 주는 사람이 되겠다고 그게 큰일이던 작은 일이던 말이야.

나는 이곳저곳 부지런히 여행을 다녀서 움직이지 못하는 이들에게 여행담을 들려주고 그들이 목표에 도달할 수 있도록 용기를 심어줄 테야! 자 오늘의 이야기는 여기서 마칠게. 어때 멋있는 여행이었지?

로스의 이야기를 진지한 눈빛으로 듣던 그로빅은 자신도 다짐이란 것을 해보았어요.

남들이 무조건 저 해님에 빨리 닿아야한다고 해서 하루하루 몸을 늘이기에만 바빴던 그로빅에게 드디어 그만의 꿈이 생겼죠.

로스가 잠든 뒤 그로빅은 풀벌레에게만 살짝 그의 꿈을 말해주었어요.

"풀벌레야 풀벌레야 매일 밤 너의 노랫소리가 나를 잠으로 이끌어주었단다. 너는 나에게 도움을 주었구나. 정말 고마워 풀벌레야. 나도 사실 꿈이 생겼단다. 나도 할머니소나무처럼 어떤 시련에도 흔들리지 않는 해바라기가 되고 싶어. 남들보다 느려도 속이 꽉 찬 튼튼한 해바라기가 될 것이야. 그리고 나는 해님에 닿는 것도 중요하지만 더 소중한 꿈이 생겼단다. 나는 로스와 같은 너와 같은 작은 곤충들이 쉬어갈 수 있는 해바라기가 되고 싶어. 커다란 잎으로 시원한 그늘을 만들어서, 더운 여름날 곤충들이 지친 몸을 뉘였다 갈 수 있는 해바라기가 될 거야."

찌르르르 찌르르르 풀벌레의 노래와 함께 그로빅의 밤이 저물어가고 있었어요.

내일 아침이면 그로빅은 더 이상 어리기만한 해바라기가 아니겠지요?

왜냐하면 그로빅에게는 소중한 꿈이 생겼으니까요.

[최종 원고] 해를 보지 않는 해바라기에게

글쓴이 : 박수윤
편집 : 임진묵

* 내용에 번호를 붙인 이유는 책에 실제로 제작될 때를 생각하고, 책의 쪽마다 들어갈 글들 나누었기 때문입니다. 번호 옆에는 어떤 삽화가 들어가면 좋을지를 생각하고 그 내용을 적었습니다.

1

저기 저 멀리, 산을 넘고 바다를 건너면 꽃과 나무들이 사는 '플로라'라는 나라가 있습니다. 그 나라에는 해바라기들이 사는 '고흐'라는 아름다운 마을이 있었어요.

(그 마을에 사는 해바라기들은 사람들만큼이나 오래 사는 특별한 꽃들이었지요.)

내년이면 성년이 되는 청소년 해바라기, 그로빅도 그곳에 살고 있었어요.

2

그로빅의 부모님은 늘 말씀하셨어요.

"우리가 존경하는 위대한 해바라기들은 모두 저 해님에 닿았단다. 너도 해님을 향해 열심히 자라렴."

착한 그로빅은 이른 아침에 일어나 늦은 저녁까지 열심히 해님만 바라보며 지냈어요. 그런 그로빅에게는 꼭 닮고 싶은 할아버지가 있었어요.

바로 그래비(Grabby) 할아버지!

3 그래비 할아버지와 그로빅

그래비 할아버지는 금방이라도 해님에 닿을 것처럼 보였거든요. 올여름에도 할아버지는 다른 여느 해바라기보다 더 자랐어요. 그래서 모두 그 할아버지를 닮고 싶어 했답니다.

어느 늦은 밤, 그로빅은 할아버지에게 조용히 물어보았어요.

"할아버지! 할아버지처럼 크고 빛나는 해바라기가 되려면 어떻게 해야 해요? 그렇게 빨리 자라는 비결이 뭔가요?"

"나처럼 아름다워지고 싶어? 저 밝게 빛나는 태양에 닿고 싶니? 정말 그렇게 되고 싶다면……. 얘야, 네 주변에 있는 양분을 모조리 가져와. 수단과 방법을 가리지 말고 너의 것으로 만들어."

그로빅은 다시 물었어요.

"제가 주위의 양분을 다 가져가 버리면 친구들은요? 제가 좋아하는 론저도 제대로 자라지 못할 거예요……."

할아버지는 아무도 없는 자기 주위를 가리키며 대답했어요.

"그로빅, 내 말을 잘 들어. 강해지지 않으면 다 빼앗기고 말 거야!"

그날 이후 그로빅은 어떻게 해야 할지 무척 고민했어요.

5 쓰러진 그래비 할아버지

며칠이 지나고, 먹구름이 마을 가득 드리웠어요. 유난히 비가 많이 내리고 바람이 거센 날이었어요. 그로빅의 온몸이 정신없이 흔들리고 있었어요. 갑자기 어디선가 '쿵!' 하는 소리가 들렸어요. 힘겹게 고개를 들어 소리가 난 곳을 바라본 그로빅은 너무 놀랐어요.

그토록 크고 빛나던 그래비 할아버지. 모두가 닮기 바라는 그분이 쓰러졌기 때문이에요. 정말 조금만 있으면 해님에 닿을 것 같았는데….

그래비 할아버지는 줄기가 꺾이고, 하얀 뿌리까지 내놓은 채 쓰러져 있었어요. 태양을 바라던 할아버지의 뿌리들은 자신의 가장 작은 줄기보다 가늘고 얇았어요. 할아버지는 결국 그렇게 돌아가셨어요. 해바라기들은 할아버지가 너무 욕심을 부려서 그런 거라고 수군거렸어요.

6 고개 숙인 그로빅

그날 이후로 그로빅은 해님을 향해 자라는 것이 두려웠어요. 언제 자신도 꺾일지 몰라 무서웠죠. 그래서 누가 무슨 말을 해도 그로빅은 한낮에도 해님을 보지 않고 땅만 바라보며 지냈어요.

7 로스

어느새 여름이 지나고 가을이 왔어요.

위잉~ 위잉~

꿀벌 한 마리가 그로빅에게 다가왔어요.

"안녕? 나는 로스야. 자유로운 모험가지! 그런데 너는 어째서 해님을 바라보지 않는 거니?"

"나는 저 해님이 싫어. 해님을 향해 자라기가 무서워. 더 자라면 꺾여버릴 것 같아서 두려워."

"너는 태양의 꽃, 해바라기잖아!"

"가장 화려하게 꽃을 피웠던 그래비 할아버지가 돌아가셨어. 나는 이제 모든 것이 혼란스러워."

"그랬구나……. 그 할아버지 이야기는 나도 알아……. 그럼 내 이야기를 한번 들어보지 않을래?"

8 춤추는 나무들

우리가 사는 '플로라'에서 바다를 건너고 산을 넘으면 '영천 임고초'라는 숲 마을이 있어. 그 마을의 이야기야.

거기에 사는 나무들은 하나같이 통이 굵고 튼튼해 보였어. 내가 그곳에 도착했을 땐 가을이었는데, 바람결을 따라 나무들이 손끝을 가벼이 휘저으며 춤추는 모습이 아름다웠지.

나는 물어보았어.

"무슨 특별한 일이 있어요? 다들 기분이 무척 좋아 보이네요!"

한 느티나무가 대답했지.

"특별한 일은 없어요. 오늘은 기분 좋은 바람이 좀 불어올 뿐이에요."

나는 마을 안으로 좀 더 들어갔어.

사람들도 보였지. 사람들은 편안한 모습으로 숲을 거닐고, 이야기를 나누고 있었지. 나무를 돌보는 사람도 있었어.

마을 안의 나무들은 다들 행복한 모습이었어.

느티나무, 단풍나무, 전나무, 개잎갈나무… 정말 많은 나무가 숲을 이루고 있었어.

9 꽃분이 할머니

그리고 모두가 존경하는 버즘나무 한 그루를 알게 되었지.

나는 그 버즘나무 할머니와 대화를 나누었어. 할머니의 이름은 '꽃분이'였어.

꽃분이 할머니는 100년쯤 전에 이곳에 심기었대. 할머니는 뿌리를 깊게 내리고 바람을 견디며 가지를 키우고, 잎을 틔웠어. 나무한 그루 한 그루가 태어나고 심어져서 숲이 되는 모든 모습을 보셨대. 숲의 나무들에게 봄을 기다리며 겨울을 견디는 법을 알려주셨고, 가을이 되면 잎을 떨구어 거름이 되게 하셨지. 나무들은 할머니의 지혜를 나누며 숲을 이루었어. 마을이 숲이 되자 많은 동물도 찾아왔어. 사람들도 좋아했지. 사람들은 자신들만이 숲을 가꾸었다고 믿겠지만, 나무들은 서로가 숲을 이루고 있었어. 그렇게 임고초 마을의 모든 나무들은 진심으로 꽃분이 할머니에게 고마워하고 있었어.

나는 나무 한 그루가 그 수많은 나무들을 행복하게 할 수 있다는 게 너무 놀라웠어.

나는 작고 힘이 약한 꿀벌이지만 다짐했어. 저 할머니 플라타너스처럼 다른 이들을 섬기는 꿀벌이 되겠다고. 내가 할 수 있는 일을 통해서 말이야. 그래서 너에게 이 이야기를 꼭 들려주고 싶었어.

10 그로빅의 깊고 따스한 눈빛과 태양

"어때, 멋진 여행이었지?"

"정말 고마워. 이야기를 들으며 나도 다짐했어. 나는 이제 남들보다 느리게 자라도 괜찮아. 대신 깊게 뿌리를 내려야겠어. 로스 너처럼 작은 곤충들을 위한 해바라기가 되고 싶어. 더운 여름날 지친 몸을 쉬었다 갈 수 있게 커다란 잎으로 시원한 그늘을 만들고 싶어. 햇살처럼 따뜻한 그로빅이 될 거야!"

그날 이후, 그로빅은 깊고 따스한 눈빛으로 다시 해님을 바라보는 해바라기가 되었지요.

11 묵쌤의 댓글

애착이 가는 동화다. 글은 수윤이가 썼지만 그로빅 이외의 인물들의 이름을 내가 붙여주었기 때문이다. 그래비(grabby) 할아버지, 꽃분이 할머니, '임고초'라는 동네. 김춘수의 시 '꽃'처럼 이름을 붙이고 의미를 부여하면 무엇이든 꽃이 되어 살아난다. 동화에 이름을 붙이자 생생히 동화가 내 마음에 들어왔다. 학생들의 이름을 기억하고 의미를 부여하는 것으로도 학생들은 살아난다. 친근하게 성을 빼고 그냥 이름만 불러주면 학생들이 좋아하는 것도 알고 있다.

사소함이 학생들을 살린다.
*임고초는 실제로 존재하는 초등학교이다. 2003년에 전국에서 가장 아름다운 숲으로 선정된 학교이기도 하다.

'해를 보지 않는 해바라기'는 우리 시대를 닮아 있다. 우리 사회에는 니트족2)이 있다. 하류를 지향하는 것이다. 「하류지향」3)이라는 책에는 '배움을 흥정하는 아이들, 일에서 도피하는 청년들의 이야기'가 담겨있다. 더불어 사는 삶, 다른 이들을 섬기는 삶을 가르치는 것만이 우리 아이들이 해를 바라보게 하는 힘이 될 것이다.

---

2) 일하지 않고 일할 의지도 없는 청년 무직자를 뜻하는 신조어.(출처: 두산백과)
3) 우치다 타츠루, 민들레, 2013

책을 만드는 마음 알기

-세나북스 최수진 대표와의 인터뷰[4]

1. 세나북스와 대표님 소개해주세요.

안녕하세요. 세나북스 대표 최수진입니다. 1인 출판사고 이제 종이책을 8권 출판했습니다. 출판사의 모토는 "세상에 필요한 책을 만든다"입니다. 좀 거창하긴 하지만 앞으로 이 말처럼 되기 위해 계속 노력한다는 의미로 생각해 주세요.

2. 세나북스에서 나온 책 중에서 학생들에게 소개하고 싶으신 책을 소개해주세요 ^^

다 소개해 주고 싶지만 ^^ 저는 〈한 번쯤 일본에서 살아본다면〉을 소개해 드리고 싶어요. 17명의 작가님이 '일본에서 산다는 것'이라는 주제로 쓴 에세이집입니다. 이 책은 아직 젊은 학생들에게 '다양한 삶의 모습을 간접경험' 한다는 의미에서 읽어보면 좋다고 생각되고요, 재미도 있고 새로운 생각을 많이 할 수 있게 해 줄 것 같아요.

3. 출판사는 어떻게 시작하게 되셨나요?

17년간 IT회사에 다니면서 일도 정말 해볼 만큼 많이 해보고 많은 사람들과 다양한 경험을 했어요. 직위도 부장까지 달고 일도 그

---

4) https://blog.naver.com/banny74

리 힘들지는 않았어요. 솔직히 말하면 일이 쉬워져서 좀 지루해졌죠. 그리고 언제나 가슴 한구석이 허전했어요. "내가 이 일을 평생 할 수 있을 만큼 사랑하나?"라는 물음에 "예"라는 대답이 나오지 않았어요. 가슴속 깊이 진정으로 하고 싶은 일이 뭔지 찾는 시간을 4년이나 보냈습니다. 원래 글쓰기에 대한 갈망이 있어서 작가 되기 프로그램인 〈꿈꾸는 만년필〉에 참여하면서 책을 한 권 쓰게 되었어요. 내 책을 한 권 내고 나니 "출판사를 해보면 어떨까?"라는 생각이 들었고 바로 이 일이 내 천직이라는 느낌이 들었습니다. 아주 먼 길을 돌아오긴 했지만 제대로 찾았다고 생각해요.

4. 출판사를 운영할 때 중요한 점은 무엇인가요? 왜 그렇게 생각하시나요?

출판사 대표라면 반드시 기획을 할 수 있어야 해요. 어떤 분은 출판사 사장이 참 쉬운 일이라며 다 외주를 주면 된다고 하지만 대표가 본인의 특기가 있어야 하고 특히 기획은 대표가 하지 않고 외주를 주기는 힘들다고 생각해요. 1인 출판사가 아닌 직원이 몇 명 되는 출판사라 해도 최종 결정은 대표가 하기 때문에 출판에서 가장 중요한 기획은 반드시 대표가 챙기면서 출판사를 운영해야 한다고 생각합니다.

5. 출판사를 경영하시면서 어려운 점은 무엇인가요? 그리고 어떻게 극복하셨나요? 세나북스의 스토리를 듣고 싶습니다. ^^

어려운 점이 많지만 일단 어떤 일을 겪어도 비싼 수업료를 낸다는 생각을 가집니다. 제가 출판업계에서 일했던 사람도 아니고 갑자기 업을 바꾼 사람이다 보니 경험하지 못한 새로운 일들을 많이 겪어요. 거의 매일요. 그런데 힘들다기보다는 새롭고 재미있다는 생각을 많이 합니다. 원래 새로운 일을 하기 좋아하고 같은 일이 반복되기 보다는 변화가 많은 생활을 좋아합니다. 좋아하는 일이다 보니 이런 긍정적인 생각도 하게 되나 봅니다. 사실 가장 어려운 일은 자금이에요. 자본이 거의 없이 시작해서 지금도 넉넉하지는 않지만 그럭저럭 버티고 있습니다.

6. 대표의 입장에서 어떤 책이 좋은 책인가요? 어떤 원고를 출판해야 한다고 생각하시나요?

누군가에게 즐거움을 주거나 꼭 필요한 책이 좋은 책이라고 생각해요. 그렇게 되려면 최선을 다해 만들어야겠죠. 아직 실력부족으로 생각만큼 좋은 책을 못 만들고 있지만, 매일매일 좋아지고 있다고 생각합니다. 처음에는 투고 받은 원고를 출간하는 일도 의미 있다고 생각했지만 지금은 세나북스에서 기획한 책이 아니면 특별한 경우를 제외하고는 출간하지 않으려 해요. 책의 첫 단계에서부터 정성을 다하지 않으면 좋은 책이 나오기 힘듭니다.

7. 출판사를 운영하면 만났던 분 중에서 기억에 남는 분이 계시 다면요?

〈한 번쯤 일본에서 살아본다면〉외 2권에서 같이 작업을 해 주신 '나무' 작가님이 가장 기억에 남습니다. 블로그 이웃으로 처음 인연 을 맺었는데 저의 든든한 지원군이자 좋은 원고를 많이 써주시는 너무나도 고마운 작가님입니다. 지금도 세나북스의 원고를 두 개나 써주고 계세요. 좋은 인연입니다.

8. 직접 책도 쓰시잖아요? 왜 책을 쓰셨고, 어떻게 책을 쓰셨나 요?

2000년에 일본 어학 연수를 가서 1년 동안 도쿄에서 살았습니 다. 너무나도 가고 싶었고 가서도 좋은 경험을 많이 했어요. 인생 최고이 전성기였다고 생각해요. 한국으로 돌아와서 일본계 회사에 들어가서 다시 3년 정도 일본을 출장으로 오갔습니다.

이런 개인적이지만 누구에게 도움이 될 수도 있는 경험을 꼭 책 으로 내고 싶었어요. 〈일본어로 당신의 꿈에 날개를 달아라〉를 처 음에는 전자책으로 냈습니다. 반응이 좋아서 곧 종이책으로도 출간 했어요. 그리고 이 책 덕분에 출판의 길로 들어서게 되었습니다. 참 재미있는 일이 솔직히 책을 쓰고 출간했을 때만 해도 저 자신도 일 본어로 꿈에 날개를 단 상태는 아니었어요. 그런데 이 책을 계기로 출판에 입문해서 결국은 일본어 덕분에 출판이라는 제 꿈을 찾았어 요. 신기하기도 하고 기쁘기도 했습니다.

책의 힘, 무언가를 기록해서 출판한다는 것의 힘을 느낀 아주 특별한 경험이었습니다.

9. 책쓰기를 하는 학생들에게 하고 싶은 말씀을 남겨주세요.

책을 쓴다는 건 정말 너무 멋지고 아름다운 일이예요. 제가 조금만 더 일찍 글을 쓰고 책을 쓴다는 목표를 가졌다면 인생이 많이 달려졌을 거예요. 물론 아주 긍정적인 방향으로요. 인생의 전환기마다 그동안 살아온 경험을 탈탈 털어서 책 한 권씩을 쓴다면 얼마나 멋질까요. 누구나 그렇게 할 수 있고 해야 한다고 생각해요. 내 인생을 정리하는 의미도 있고 다른 사람에게 도움이 되는 일이기 때문입니다. 책 꼭 쓰시고 더 멋진 사람이 되세요. 여러분은 모두 이미 멋지지만, 더 멋진 사람이 되세요!

Ⅲ. 2016 1학기, 전자책 만들기 수업

2016 전자책 만들기 수업의 마음

2016년에는 2학년 이과 6개 반(남자 3개 반, 여자 3개 반)의 문학 수업을 진행하게 되었다. 각 반당 3시간씩 문학 수업을 하게 되었는데, 아이들이 이과에 속해 있으니, 전자책과 관련된 활동을 잘할 수 있을 것이라는 생각이 들었다. 문학 과목 수업이기 때문에 전자책의 장르는 '문학'으로 한정했다.

이 수업을 하기 전까지, 나는 '과정 중심 수행평가'라는 용어나 개념을 알지 못했다. 수행평가를 수업시간에 실시하고 그 과정을 중심으로 평가하자는 논의가 아직 이루어지지 않았던 시기이기도 했다. 당연히 수행평가는 수업시간에 이루어지는 활동을 평가하는 것이 아니라, 학생들에게 과제를 내주고 이 과제를 평가하는 것이라는 생각을 하고 있었던 때였다.

그리고 아이들이 충분히 이 활동을 잘 할 수 있을 것이라는 근거 없는 믿음이 있었다. 나의 가장 큰 장점은 아이들이 가진 능력을 크게 본다는 것인데, 그러한 관점을 가졌기에 책쓰기 수업을 시작할 수 있었고, 어떤 순간에는 그것이 문제가 되기도 했다.

결론부터 말하자면, 2016년 1학기 전자책 수행평가에 대해서 아이들에게 2학기를 시작할 무렵에 설문을 받았다. 아이들의 반응은 매우 부정적이었다. 이과생인 자신들이 왜 국어라는 과목의 수행평가에 이렇게 많은 시간과 노력을 투자해야 하는지 불만이 가득하다는 것을 그때야 알았다. 그때야 아이들의 마음을 느꼈다. 그리고 미안했다.

시기	차시	수업 내용
4월 초	1차시	전자책 프로젝트 안내
	2차시	팀 구성 및 전자책 기획
	3차시	기획서 작성
5월 중 (중간고사 이후)	4~6차시	팀별로 자유롭게 전자책 프로젝트 활동

「전자책 수업 일정」

총 6차시의 활동으로 '전자책 만들기 수행평가'를 진행했다. 3월 말에는 전자책에 대한 안내와 기획을 하는 3시간 수업을 진행하고, 중간고사가 끝난 직후 3시간 동안 전자책의 내용을 쓸 수 있는 시간을 주었다. 수업이 일찍 끝나거나 하면 아이들에게 모둠별로 상의하거나 책의 내용을 작성할 시간을 주긴 했지만, 공식적으로 수업 중 주어진 시간은 고작 6시간이었다.

이때는, 교실 수업에서 주어진 시간이 짧았기에 많은 활동을 수업시간 이외에 해야 했던 부분은 아이들에게 부담이 되었다. 내 생각보다 아이들이 많은 시간을 할애했고 힘들어했다. 2학기가 시작되고 아이들의 설문을 받고서 아이들이 많이 어려워했다는 것을 알 수 있었다.

하지만 수업시간만큼은 다른 아이들과 함께 책을 기획하고 내용을 쓰며 즐거워했던 장면만 내 머릿속에 남아있었다. 그랬기에 나는 수행평가가 힘들기도 했겠지만, 아이들이 이 수행평가를 즐거워했다고 생각하고 있었던 것이다.

다시 말하자면, 나는 2016년의 목표는 아이들이 책을 출간하는 것에 있었다. 가장 신경 써서 이야기했던 부분이 저작권에 대한 내용이었다.

교육적인 목적에서, 수업 안에서만 통용되는 작품이라면, 저작권과 관련된 내용은 "인터넷에 있는 내용을 그대로 가져오면 안 된다." 정도의 교육이면 충분하다.

하지만, 아이들에게도 이 수행평가를 진행하며, 먼저 공유한 목표는 "전자책을 만들어서 유통해보자."였기 때문에 아이들도 저작권에 대한 부분을 매우 신경 썼다. 나는 이 부분도 매우 중요하다고 생각한다. 왜냐하면, 아이들이 살아가면서 직접 마주치는 현실에 대한 내용을 학교에서 먼저 경험하는 것이 필요하다고 생각하기 때문이었다. 나의 저작물에 대한 권리를 지키고, 다른 사람의 저작권을 인정하는 것은 몇 번의 설명으로 하는 것보다는 직접 자신이 체험하는 것이 훨씬 의미가 있다.

이러한 경험은 다른 사회의 법에 대한 이해의 필요성을 알게 되고, 법이나 제도를 활용할 수 있음을 알게 되기도 한다. 실제로 이 수업에 참여한 남학생 중 한 명이 고3이 되어 찾아왔다. 자신이 지금 친구들과 게임을 개발하여 발표하려고 하는데, 그렇게 하려면 사업자를 등록하는 등 뭔가 법적인 부분에 대한 도움이 필요하다는 것이다. 그래서 왠지 잘 알 것 같은 나에게 도움을 요청하러 왔다는 것이다. 이 부분은 나도 잘 모르는 부분이라서 인터넷 검색을 통해 도움을 줄 수 있는 전화번호를 학생에게 알려주었다.

사실 저작권은 법에 따라 딱 떨어지는 내용이 거의 없고, 각 경우에 따른 사례들이 많이 발생한다. 그래서 아이들에게 저작권에 대한 기본적인 원리나 사례를 함께 학습하고, 한국저작권위원회의 상담 전화(1800-5455)를 알려주는 편이다. 아이들은 자신이 궁금했던 것을 전화로 물어보았다. 아이들은 '동요 속의 가사 중 일부를 책의 제목으로 하고 싶은데 저작권에 문제는 없는지?' 등을 상담 전화를 통해 물어보고 답을 얻기도 했다. 그래서 실제 삶으로 만나는 교육을 할 수 있었다.

2016 전자책 만들기 수행평가

전자책 수행평가에서 내가 중점을 두고 본 기준은 다음과 같다. 솔직히 고백하면, 이때까지도 나는 성취기준을 고려하여 평가 기준을 세워야 한다는 원칙을 잘 몰랐다. 그랬기에 다음과 같이 책쓰기를 위한 기준을 세우고 수행평가의 평가 기준으로 삼았다.

① 표지디자인과 제목이 적절한가?
② 책의 기획이 체계적이며 적절한가?
③ 책의 내용이 적절하게 구성되었는가?
④ 교정/교열이 되었는가?
⑤ 모둠원의 역할 배분이 적절하며, 모두가 성실히 참여하였는가?
⑥ 기획서와 결과물을 제출 마감일까지 제출하였는가?
⑦ 저작권을 침해하는 내용은 없는가?

*전자책 프로젝트는 총 3번의 결과물을 제출하여 교사의 지도와 점검을 받았다.

1. **4월 초: 전자책 프로젝트 기획서 제출**

2. **5월 중: 전자책을 만들기 위한 원고 (한글 문서) 제출**

3. **6월 초: 전자책 완성본 (e-pub) 제출**

*이때 가장 잘한 일 중 하나는 아이들의 글을 네이버 카페로 올리도록 했다는 것이다. 카페에 가입하는 일은 수업시간에 아이의 스마트폰으로 진행했다. 그리고 반별로 게시판을 만들어서 결과물을 제출하도록 했는데, 이 파일들은 지금도 내려 받아 활용할 수 있다. 그렇게 하지 않으면 교사가 다시 한번 정리하는 수고를 감당해야 한다.

*전자책에 대한 부분도 강의를 찾아서 듣고 수업을 진행했다. 하지만 아이들에게 좀 더 제작 방법 등을 구체적으로 설명해주었더라면 이라는 아쉬움이 아직도 있다. 내가 먼저 다양한 방법으로 제작해보고 아이들에게 안내했었더라면 아이들이 좀 더 쉽게 만들었을 것이라는 생각이 든다.

*전자책에 대한 정보는 이 책 '부록 2.'에 실려 있다.

1	기획서 제출	1차 마감일: 4월 1일, 2차 마감일: 4월 8일 1차 제출된 기획서를 보고 선생님이 부족한 부분을 피드백하면, 이를 수정·보완하여 2차 마감일까지 제출 네이버 카페로 기획서 제출 http://cafe.naver.com/mukssam
2	원고 제출	5월 16일(월) 12시까지 묵쌤 메일로 책 내용을 한글이나 워드 파일로 보낼 것 gtmuk@naver.com - 묵쌤의 조언 내용 분량, 맞춤법, 제목 등등 책의 전반적인 부분 - 묵쌤의 조언을 받은 후 전자책 제작하면 됨.
3	전자책 제출	1차 마감일: 6월 4일, 2차 마감일: 6월 10일 1차 제출된 전자책을 보고 선생님이 부족한 부분을 피드백하면, 이를 수정·보완하여 2차 마감일까지 제출 네이버 카페로 전자책 제출 http://cafe.naver.com/mukssam

▶ 기타 안내 사항

1. 전자책 제작 사이트: 유페이퍼 http://www.upaper.net/

2. 저작권 없는 이미지 사이트:
   픽사베이 https://pixabay.com/

3. 표지 제작 시
   - 모든 글꼴은 네이버에서 제공하는 나눔글꼴 사용합니다.
     (상업적으로 사용 가능한 다른 글꼴을 알면 사용 가능)
   - 배경은 자신이 찍은 사진(저작권 침해 요소가 없는)
     또는 픽사베이 사이트 사진을 활용합니다.
   - 파워포인트로 제작 후 jpg 등 그림 파일로 저장하면
     아름다운 표지가 완성됩니다.

4. 모임 및 개인활동 시 활동한 내용을
   http://me2.do/GEBxwGho 에 기록합니다.
   * 네이버 폼을 이용하여 활동내용을 기록하도록 했습니다.

[활동 내용을 적기 위한 질문] *네이버폼에서 질문한 내용입니다.

1) 모둠이 속한 반
2) 모둠이름은?
3) 모임 시간 및 일을 한 시간
   (예시: 3월 8일 오후 2시부터 오후 4시)
4) 모인 사람 또는 일을 한 사람
   (간단히 이름만 적으세요~ 예) 진묵, 한빛, 봄)
5) 모여서 한 일 및 결정한 사항 또는 내가 한 일
6) 묵쌤에게 하고 싶은 말 (안 써도 됨 ㅋㅋㅋ)

이렇게 과제물을 제출받아 프로젝트를 중간평가를 하였는데, 중간평가를 하고 나서 점수를 받은 이유를 공지하고 이를 수정할 수 있도록 시간을 주고, 수정된 결과물을 최종 평가하였다. 평가는 학생들을 줄 세우기 위한 것이 아니라 학생들의 성장을 위해서라는 목적을 달성하기 위해, 아이들에게 미리 공지하고 수정할 기회를 주었다. (*이러한 평가방식은 송승훈 선생님의 서평쓰기 수행평가를 보며 배운 것이다.)

그리고 이 수행평가에서 중요한 부분은 분량인데, 모둠마다 동화, 소설, 시집 등 세부 장르가 다르기 때문에, 장르를 고려하며 모둠의 전자책의 원고의 적정 분량을 점검했다. 분량 기준은 정확히 정하지 않고 책의 내용을 보고 결정하였다.

2016 전자책 프로젝트 안내

전자책 프로젝트의 평가 기준을 안내하고 활동의 목표와 비전을 심어주기 위해 노력했다. 학생들에게 자신들이 가진 상상력과 무한한 가능성이 얼마나 가치가 있는지 알려주고, 선배들이 쓴 동화와 시가 어떻게 책 『동물원 야간개장』으로 만들어지고 있는지 설명했다. 아이들이 꿈을 가질 수 있도록 하는 것이 이 과정의 목적이다.

책을 쓰는 것을 어려운 일이지만, 그 어려운 고비를 넘게 하는 것이 바로 꿈을 꾸는 마음이다.

'다른 사람이 읽을 전자책을 만들고, 더 나아가서는 팔 수 있다는

것. 내가 작가가 된다는 것'

　이러한 미래의 자신의 모습을 상상하게 하면 이 과정은 성공이
다. 모든 일이 그렇지만 책쓰기도 첫술에 배부를 수 없다. 아이들이
만든 전자책을 나는 높게 평가하지만, 다른 사람들이 보기에는 부
족할 것이다. 수업이 끝나고 보니, 아이들이 쓴 책들이 그대로 전자
책 시장에 팔 수 있을 만한 수준은 아니라고 판단되었다. 하지만 1
학기에 책쓰기를 경험했던 아이들이 쓴 2학기에 만든 책의 수준은
매우 높았다.

프로젝트 모둠 구성

역할	하는 일	필요
기획자(모둠장)	프로젝트 총괄, 기획	1명
작가	내용 구성 및 교정·교열	1~2명
디자이너	표지 디자인 및 내용에 맞는 그림 제작	1~2명
편집자	전자책으로 제작	1~2명

나는 책쓰기를 프로젝트로 진행하려고 노력한다. 다양한 사람들이 모여서 무엇인가 혼자 할 수 없는 일을 해보는 것을 경험하고 성장하기를 바란다. 이 부분이 기존의 책쓰기 수업이나 과정과 많이 다른 부분이다. 왜냐하면 기존의 책쓰기는 '나만의 책쓰기'라는 타이틀이 붙는 경우가 많았다. '나만의'라는 수식어에는 이런 의미가 포함되었다고 나는 해석한다.

1. 나만이 만들 수 있는
2. 나 혼자 만드는
3. 다른 사람이 아닌 나만 보는

이런 의미로만 책쓰기 수업을 본다면 책쓰기는 고독한 과정이다. 하지만, 실제로 한 권의 책이 나올 때는 정말 많은 사람이 함께 한다. 책의 기획자, 편집자, 디자이너, 마케터, 인쇄업자, 번역자, 서점MD 등등. 요즘은 1인 출판사도 많지만, 혼자서 모든 분야를 하는 것이 아니라 다른 분야의 분들과 협업한다. 혼자서 좋은 책을 만들기란 불가능하다. 그렇기에 책쓰기는 프로젝트다. 프로젝트는 혼자 수행하는 것이 아니다. 프로젝트의 과제는 혼자서 할 수 없는 과제로서 여러 명이 협력하지 않으면 안 되는 수준 높은 과제여야 하는데, 그런 면에서 책쓰기는 좋은 프로젝트가 된다. 이와 같은 실제 출판 현장을 고려하여, 나는 되도록 협력하여 과제를 수행할 수 있도록 한다.

모둠을 구성할 때는 5~7명이 함께 모둠을 구성하여 작업할 수 있도록 했다. 모둠이 구성되면, 모둠장, 작가, 디자이너, 편집자로 역할을 나누게 했다. 작가만 글을 쓰는 것이 아니라 모든 모둠원이 글을 쓰되, 작가의 역할을 맡은 아이들은 교정·교열 작업을 해서 원고를 완성했다.

[3줄 기획안 작성]

모둠이 구성되고 짧게라도 모둠이 쓰고 싶은 책은 어떤 기획으로 작성할지 간단히 기획하도록 했다. 이 간단한 기획을 바탕으로 자세한 프로젝트 계획서를 작성할 수 있도록 안내했다.

[프로젝트 기획안 작성]

구체적인 프로젝트 기획안을 작성하고, 프로젝트 활동을 계획하여 실천하도록 했다. 그리고 활동 내용을 네이버폼에 작성하도록 안내했다. 수행평가 점수를 모둠별로만 주면 열심히 한 아이들도 공정한 점수를 받지 못하는 경우가 생긴다. 그래서 개인별로 어떤 활동을 했는지 확인하기 위해서 기록하게 한 것이다. 개인별 활동을 열심히 한 학생에게는 가산점을 주었다.

[전자책 제작 교육]

전자책을 만드는 제작 교육은 방과 후에 전자책을 제작하는 역할을 맡은 학생들을 대상으로 이루어졌다. 고등학교의 경우, 야간자율학습시간을 활용한 교육이 가능하기에 그 시간을 활용하여 전자책을 만드는 역할을 만드는 학생들만 따로 교육을 했다.

이 당시에는 내가 전자책을 제대로 제작해본 것이 아니었기에 제작 프로그램의 오류에 대해서는 인식하지 못하고 있었는데, 다음에 아이들이 전자책을 제작하다가 오류가 발생하는 경우가 많았다고 이야기했다.

이럴 때는 고객센터에 전화를 걸어 물어보면 빠르게 오류를 파악하고 대처할 수 있다. 고객센터에 전화를 걸어 오류에 대해 문의했더니, 오류가 어디에서 발생했는지 볼 수 있는 방법을 알려주셨다.

전자책 프로젝트 기획안 양식

(   ) 반   (   ) 모둠 전자책 프로젝트 기획안

모둠장(기획):

(1) 도서 제목(가제) :
　　※ 부제가 있는 경우 "제목(부제)" 형식으로 기재

(2) 저자명 :
　　※ 공동저자도 모두 표기

(3) 저자 소개 :
　　※ 기획안과 관련된 역량을 중심으로 저자의 소개를 기재

(4) 기획 의도 :

(5) 대상 독자층 :
　　※ '혼자 사는 20대 여성' 등과 같이 자세하게 기재

(6) 기획의 특징 및 차별성 :

　　※ 유사도서를 검색하여 비교하고 어떤 면에서 차별성을 가지는지 구체적으로 기재

(7) 목차 :

(8) 내용 :

　　※ 기획의 개요를 좀 더 자세하게 기재

(9) 예상 원고분량

(10) 프로젝트 계획(기획안 → 원고 완성)

　　　예) 자료 수집 : 2016년 ○○월 ○○일

　　　　　원고 작성 : 2016년 ○○월 ○○일 ~ ○○월 ○○일

　　　　　사진 자료 보완 : 2016년 ○○월 ○○일 ~ ○○월 ○○일

　　　　　원고 완성 : 2016년 ○○월 ○○일

　　　　　교정/교열: 2016년 ○○월 ○○일 ~ ○○월 ○○일

　　　　　편집: 2016년 ○○월 ○○일 ~ ○○월 ○○일

　　　　　전자책 완성: 2016년 ○○월 ○○일 ~ ○○월 ○○일

*위　양식은　한국출판문화산업진흥원(http://www.kpipa.or.kr)의 우수출판콘텐츠 제작 지원 사업 관련 양식을 참고하여 제작하였습니다.

기획안 예시

감격소녀 모둠 전자책 프로젝트 기획안

모둠장(기획): 서영

(1) 도서 제목(가제) : 365일, 우리들의 추억

(2) 저자명 : 감격소녀 - 민정, 선민, 채원, 서영, 수민, 지수

(3) 저자 소개

같은 반 고등학생 6명이 365일 함께하는 학교에서의 일상들과 추억들을 차곡차곡 담아내기 위해 모였습니다. 모두 함께 시를 작성하고 직접 사진도 찍으며 시집을 만들게 되었습니다.

대표 작가는 2명(민정, 수민)이고 남은 팀원들도 모든 시에 공동으로 참여했습니다. 디자이너 역시 2명(채원, 지수)으로 시집 구성 및 배치, 표지 디자인 등에 참여하였습니다. 편집자는 1명(선민)으로 원고를 바탕으로 전자책을 만드는 것을 담당하였습니다. 마지막으로 기획자 1명(서영)은 이번 프로젝트를 총괄하고 작가, 편집자, 디자이너를 도와가며 프로젝트를 진행하였습니다.

(4) 기획의도

고등학교 생활 중 있었던 일들, 추억들을 수록하여 독자들로 하여금 공감할 수 있게 하고 추억에 빠지는 시간을 가지게끔 하고자 합니다. 여러 편의 시를 수록하여 공감대 형성과 동시에 독자들에게

힐링이 되게 해주고 싶습니다. 현 고등학생이 쓴 시라 더 생생하게 담아낼 수 있을 거라 기대합니다.

(5) 대상 독자층
현 고등학교 학생들, 고등학교 시절을 추억하고 싶은 사람들

(6) 기획의 특징 및 차별성
다른 책들과 달리 하나하나 직접 찍는 사진들과 주제별로 구성한 시들로 구성했기에 차별성이 있다고 생각되고 고등학생이 직접 쓴 시이기에 더욱 그 시절을 더 생생하게 담아낼 수 있다는 것에 큰 강점을 가지고 있다고 생각합니다.

'신호등처럼' 과 같은 경우를 보면, 그 시집 역시 일일이 하나하나 직접 찍는 사진들로 구성되어있지만, 주제 별로 분류되어있지 않고, 그리고 또한 예상 독자층도 전체 연령층이기에 고등학교시절을 겪고 있거나 경험했던 사람들을 대상으로 하는 저희의 시집과 차이가 있다고 생각합니다.

(7) 목차
Ⅰ. 머리말

Ⅱ. 주제별 시
 - 사랑, 학업, 친구 등 60편 예정

Ⅲ. 마치며
 - 후기, 반 아이들의 한마디 등

(8) 내용

Ⅰ. 머리말
- 머리말에는 간단한 책 소개와 작가소개가 담길 예정입니다.

Ⅱ. 주제별 시
- 사랑 학업, 친구 등의 주제로 목차를 더욱 세분화하여
  60여 편의 시를 분류할 예정입니다.
- 시 한 편당 사진 하나씩 배치할 예정입니다.

Ⅲ. 마치며
- 책을 마치며 간단한 후기와 현재 같은 반 아이들의 한마디로
책을 마무리할 예정입니다.

(9) 예상 원고분량

최소 120쪽, 60장 이상 (시 60편 수록 예정)

(10) 프로젝트 계획(기획안 → 원고 완성)

원고 작성 1차) 2016년 04월 01일 ~ 2016년 04월 08일 (5편씩 총 30편)

원고 작성 2차) 2016년 05월 01일~ 2016년 05월 09일 (5편씩 총 30편)

추가 원고 작성) 2016년 05월 10일~ 2016년 05월 13일

사진 촬영 및 사진 자료 수집) 2016년 04월 01일 ~ 2016년 05월 15일

교정/ 교열) 2016년 05월 16일~ 2016년 05월 17일

표지 디자인) 2016년 05월 16일~ 2016년 05월 17일

편집) 2016년 05월 18일~ 2016년 05월 24일

전자책 수정 및 완성) 2016년 05월 25일~ 2016년 06월 01일

학생들이 만든 전자책 목록

1 이빨 썩은 할아버지: 남학생들의 예측 불가 동화, 결론은?

2 Trace: 미래공상과학소설

3 핏어팻(pit a pat): 두근두근 첫사랑 감성소설

4 루프리텔캄_18세: 10대의 성장소설

5 헨젤과 그레텔의 과학 엿보기: 고전 동화의 과학화

6 우리가 수놓은 글자들: 남고생들의 감성시집

7 라푼젤의 마녀는 억울하다?!: 라푼젤을 새로운 시각으로 재창조하
  다

8 버피의 감정가게: 감정에 대한 깊이 있는 생각이 담긴 동화

9 꿈속 여행: 교훈이 담긴 3편의 동화

10 우리들의 작은 세상: 고등학생의 삶이 담긴 시집

11 365일, 우리들의 추억: 고등학생들이 쓴 시집

12 전우애: 선생님의 실제 이야기를 듣고 만든 소설

13 젊은 날의 추억: 첫사랑, 감성소설

14 아카식 레코드: 미래공상과학소설, 이과생들의 소설

15 내 얼굴은 검은색: 피부색이 다르다는 이유로 왕따 당하는 흑준
  이의 성장기

16 리젬블: 스릴러+로맨스 소설

17 시그널(시 그리고 널 그리며): 감성시집

18 사랑과 이별: 사랑과 이별에 대한 감성시집

19 두 번째 아홉수: 고등학교 3학년 학생들의 삶을 재치있게 담
  은 동화

Ⅳ. 2016 2학기, 종이책 쓰기 프로젝트 수업

수업의 목표

1. 책을 출판한다.
2. 책쓰기 활동은 집이 아닌 교실에서 한다.

이 수업에는 분명한 목표가 있었다. '부크크'라는 자가출판사이트를 통해 모둠이 만드는 책을 송이로 출판하고자 하는 목표를 세웠다. 이 목표를 이루기 위해 수업이 진행되었다.

그리고, 수업시간을 최대한 활용하여 아이들이 작업할 수 있도록 했다. 1학기 수업에서 아이들이 가장 어려워했던 점은 자신의 방과 후 시간을 활용하여 책의 내용을 쓰고, 책을 제작했던 부분이었다. 자신들의 공부를 할 시간도 없는 고등학생들에게 시간을 많이 써야 하는 수행평가 자체가 문제였으니, '활동을 최대한 교실 내에서 할 수 있도록 하자'라는 원칙을 세웠다.

1~2차시	독서와 만나다
3차시	책의 주제 찾기
4~6차시	영화 '프리덤 라이터스 다이어리' 보고 질문하기
7~8차시	저작권에 대해 알기
9차시	책 기획하기
10차시	기획안 발표하기 및 모둠 구성
11차시	기획안 수정 및 목차 정하기
12~21차시	자유롭게 초고 쓰기

* 모둠별로 쓴 '초고'를 책쓰기 수행평가 점수로 반영함.
* 기말고사 이후 교정·교열하기, 책 표지 만들기, 책 제작 및 유통 등의 활동을 추가로 실시.

1학기에는 '문학' 과목을 가르쳤고, 2학기에는 과목이 바뀌어 '독서와 문법'을 가르쳤다. 때문에, 1학기에는 '문학' 전자책을 썼지만, 2학기에는 문학이 아닌 장르 즉, '비문학' 장르로 책쓰기 수업을 진행했다.

미리 이야기하자면, 이러한 목표에 비추어 볼 때 이 수업은 실패한 수업이다. 실제로 책을 출판하는 데까지는 나아가지 못했기 때문이다. 기말고사 이후에 학생들에게 시간적 여유가 있으리라 생각하고 위와 같은 계획을 세운 것인데, 기말고사 이후에는 여러 과목에서 학생들의 발표 수업을 진행했다. 아이들이 여러 발표를 준비하느라 시간이 없었다. 그 사실을 알고 있기에 무리해서 책쓰기를 진행하는 것이 아무래도 힘들었다. 더욱이 아이들이 이제 고3이 될 고등학교 2학년 아이들이었기에 일단 초고를 제대로 쓴 것에 감사했다. 앞으로, 그중 잘 쓴 원고들은 기회가 될 때마다 전자책 및 책으로 출간할 예정이다.

평가에서는 다음과 같은 사항을 중점적으로 평가했다.

1. 저작권을 지켰는가?

책을 출간할 때, 가장 문제가 되는 부분이 이 저작권에 대한 사항이다. 그랬기에 실제로 저작권에 대한 수업을 진행하기도 했고 이를 잘 준수하도록 안내했다.

2. 분량을 채웠는가?

평가 기준 분량은 모둠 당 A4 40쪽으로 정했다. 이유는 내가 수업하는 목적과 관련이 있다. 책이 되기 위해서는 반드시 분량을 채워야 한다고 생각한다. 일반적인 책은 200쪽 이상이다. 한 번에 잡히고 부담 없이 읽을 수 있는 분량은 260~280쪽이라고 들은 적이 있다. 모둠별로 책을 낸다면 아무리 얇아도 100쪽은 되어야 하지 않을까? 그런 생각을 했다. 단순한 계산을 해보면 A4 40쪽이면, 우리가 일반적으로 보는 책의 사이즈인 A5가 A4의 절반이니 80쪽이 나온다. 그리고 머리말과 목차, 에필로그 등이 들어가면 100쪽짜리 책이 된다는 생각을 했다. 분량은 책답기 위한 가장 기본적인 요건이다. 그래서 모둠마다 책을 쓰게 하기 위해 그렇게 정했다.

모둠의 인원은 제한을 두지 않고 최대한 자유를 보장하는 방식으로 수업을 진행했다. "저는 혼자 책을 쓸래요."라고 하는 학생들은 그렇게 하도록 했다. 5~8명은 40쪽의 분량을 모두 채우게 했고, 1~4명이라면 각 사람당 8쪽의 분량을 채우도록 했다.(즉, 1명: 8쪽, 2명: 16쪽, 3명: 24쪽, 4명: 32쪽, 5명~: 40쪽)

아이들이 만든 책의 최종결과물은 다음과 같이 한글 문서로 제출하는 것을 원칙으로 삼았다. 그림책을 직접 그려서 만드는 모둠이 있었는데, 그 모둠이 경우에는 원화를 스캔하여 제출하되, 분량을 40쪽 이상으로 제출하는 것으로 기준을 삼았다.

초고 양식: 1. 모든 글자 포인트 11포인트, 줄 간격 160%,
2. 용지여백: 왼쪽, 오른쪽, 위, 아래: 모두 25mm
머리말, 꼬리말: 10mm

수업 계획

책쓰기 프로젝트를 할 때, 책의 주제를 어떻게 선정하며 좋을지 고민을 많이 했었는데, 고민 끝에 아이들에게 물어보아야겠다는 생각을 했다. 다음과 같은 주제들을 놓고 어떻게 하면 좋을지 각 반의 국어 반장들과 상의했다.

1 공통된 질문에 대한 답
학년 전체가 공통 질문에 대한 답을 구하는 책을 써보는 것이다. 예를 들면, "인생에서 가장 필요한 것은?"

2 진로
진로가 같은 아이들끼리 모여서 책을 쓰는 것이다.

3 공통된 관심사
관심사가 비슷한 아이들끼리 모여서 책을 쓴다.

4 고교생들에게 필요한 것
아무래도, 아이들이 쓰는 책의 독자는 고등학생일 것이다. 그래서 아예 자신들의 이야기를 하며, '고등학생들에게 필요한 것은 무엇인가?' 생각하며 성찰적인 내용으로 책을 써보는 것이다.

5 자유주제
말 그대로 자유주제. 자신들이 원하는 주제로 책을 쓰는 것이다.

회의를 해보니, 아이들은 '자유주제'로 책을 쓰고 싶다고 했다. 나도 의견에 동의해서 원하는 주제를 자유롭게 선정해서 글을 쓰도록 수업을 계획하였다. 이후에는 '수업에 대한 자유로운 건의' 시간을 가졌는데, 특별하게 낸 의견은 없었다. 학생들에게서 더 많은 내용을 듣기 위해서는 좀 더 많은 시간 동안 충분하게 내용을 말할 수 있게 체계적으로 진행했어야 했는데, 점심시간에 불러서 잠시 이야기 나눈 것으로는 부족한 부분이 많았다. 그래도 수업에 대해 학생들에게 의견을 묻는 것만으로도 '선생님이 우리를 존중하시는구나.'라는 마음을 갖게 하지 않을까?

지필 평가에 대한

책쓰기 프로젝트를 위해 수업의 많은 부분을 할애한 상황에서 어떻게 지필평가를 수행해야하는지에 대한 부분에 대해 고민하지 않을 수 없었다. 다행히, 시험문제는 나는 독서 파트를, 또 다른 한 분이 문법 파트를 내는 것이기에, 그래도 조금은 부담을 덜 수 있었다.

중간고사에서는 수업에서 다루었던 '저작권'에 대한 부분을 주로 출제하였다. 책의 출간을 목적으로 진행한 수업이라서 저작권에 대해 학생들이 알고 있어야 한다고 생각했다. 그 부분에 대해 수업하고, 출제할 수 있었다.

기말고사에서는 수업의 많은 시간을 책쓰기를 하는데 보냈기에 어떻게 시험문제를 낼까 고민했었다. 고민 끝에 나는 지필평가와 수행평가 이원화하는 방법을 택했다.

지필평가는 평가를 위한 수업을 진행하고, 2학기 전체적으로는 책쓰기 프로젝트 수업이 지속될 수 있도록 노력했다. 아이들은 2학기 내내 책쓰기에 대해 고민하고 있었고, 수업시간에는 즐거웠다.

지필평가를 위해서는 모의고사 지문을 6개를 택하고, 그에 대한 수업을 진행하고 이를 2학기 기말고사 문제로 제시했다. 아이들은 시험범위가 명확해져서 시험에 대한 부담을 덜었고, 시험준비 기간이 아닌 시간에는 책쓰기 프로젝트에 집중할 수 있었다.

*2016년 2학기 이후 지금까지, 성취기준을 고려하여 수행평가로 평가를 진행할 단원과 지필평가로 평가를 진행할 단원을 나누어 수업하고 있다. 나도 학생들도 명확하게 무엇을 해야 할지 알 수 있으며, 학생들도 지필평가에 대한 부담이 줄어서 수행평가 수업에 집중할 수 있는 장점이 있다.

책쓰기 수업

[1차시~2차시 수업: 독서와 책쓰기 만나기]

책쓰기 프로젝트 안내

그림으로 자기성찰

짝대화_ 나의 독서습관은?

모둠_ 독서란_이다. 왜냐하면 _이기 때문이다.

모둠_ 나의 독서방법 나누기

메모리딩에 대한 세바시 영상시청

메모리딩에 대한 글 읽기와 빙고게임

책쓰기 프로젝트 안내

지난 학기에 했던 전자책 프로젝트에 이어 이번 학기에는 종이 책쓰기 프로젝트를 한다고 안내했다. 이번에는 최대한 수업시간에 활동할 것을 안내하고, 자유로운 주제로 책을 쓴다는 것을 중점적으로 안내했다. 그리고 쓰는 것은 읽는 것과 깊은 연관성이 있음을 강조하여, 독서시간에 책을 쓰는 것이 매우 의미 있는 활동임을 알려주었다.

"글을 써야 알 수 있는 것들이 있다. 내가 얼마나 알고 모르는지, 그리고 내 안에 어떤 것들이 있는지를 표현해야 할 수 있다. 그 표현하는 가장 중요한 수단 중의 하나는 언어인데, 말로 하는 것보다 글로 써봐야 명확하게 내 생각을 파악할 수 있다. 말은 말을 하는 맥락, 즉 상황이 있어서 듣는 사람이 내용 자체가 논리적이지 않아도, 즉 말이 안 돼도 말을 이해할 수 있다. 하지만 글을 그러한 맥락이 없기 때문에 내용이 무척 중요하다. 즉, 글을 써봐야 정확히 알 수 있는 것이다. 1학기 때 책쓰기를 통해 많은 어려움을 겪었지만, 또한 성장할 수 있었을 것이다. 그리고 가장 먼저 알게 된 것은 아마 내 안에 글로 표현할 수 있는 지식이나 생각이 적다는 것을 깨달았을 것이다. 내 안에 생각과 지식이 꽉 차 있어야 그것이 글로 흘러나온다. 독서로 내 안의 생각과 지식을 채우지 않으면, 그리고 그런 것들을 잘 기록하지 않으면 책으로 표현할 수 없다. 그렇기에 책쓰기는 독서와 떼려야 뗄 수 없는 것이다. 앞으로 독서 시간에는 책쓰기 프로젝트를 많이 진행하게 될 텐데, 그 시간은 다른 말로 진정한 독서 시간이 될 것이다. 책을 읽고 책을 쓰는 시간이 될 것이다."

그림으로 자기성찰

방학 동안에 자신에게는 어떤 일이 있었고, 또 어떤 삶을 살았는지 그림카드를 통해 아이들과 나누는 시간을 가졌다. 그 당시에는 '솔라리움 카드'를 활용했다. 모둠별로 카드 세트를 가져가서 방학 때 있었던 일과 관련된 카드 3장씩을 고르고 그 이유를 말하는 시간을 가졌다.

이후에는 좀 더 진지하게 자신의 삶을 나누는 시간을 가지고자 하였다. 아래의 그림을 통해 5가지의 질문을 던지고, 그 질문에 대한 답을 쓰면서 자신을 성찰하는 시간을 가졌다.

2016년 8월의 나는 ⋯ 어떤가요?
1. 나는 무엇을 보고 있나요?
2. 나의 마음은 어떤가요?
3. 나는 어떤 표정을 짓고 있나요?
4. 내가 딛고 서 있는 곳은 어디인가요?
5. 그래서 이 그림의 제목은?

*「안개 바다 위에 방랑자」, 카스파 다비트 프리드리히

---

*배움일기5)

내가 보고 있는 것을 '미래', 나의 마음은 '착잡함', 내가 딛고 서 있는 곳은 '절벽'으로 표현했고 종합하여 그림의 이름은 '구름을 타고 싶은 소년'이라고 정했다. 절벽에서 떨어지는 길이 아닌 구름을 타고 하늘을 나는 희망찬 미래를 살아가고 싶기 때문이다.

짝 대화_ 나의 독서습관은?

이번에는 짝꿍과 독서 관련 인터뷰를 하며 짝꿍과 독서에 대한 생각을 나누었다. 나눔 대화의 주제는 '나는 1년에 몇 권의 책을 읽는가?', '나는 책 읽기를 좋아하는가?', '내가 최근에 읽은 책들은?' 이었다. 이에 대해 전체적으로 나누는 시간을 가졌고, 손을 들

---

5) 한 학생의 배움 일기를 수업 설명 중간중간 넣었습니다. 수업에 대한 학생의 생각과 느낌을 이해하실 수 있으실 겁니다.

게 해서 다음과 같이 학생들의 독서습관을 파악하고 정리해보았다. 아이들이 독서를 싫어한다고 생각하고 있었는데, 의외로 독서에 대해 긍정적으로 생각한다는 사실을 알게 되었고, 평소에 독서를 즐기는 아이들도 많다는 것을 깨닫는 계기가 되었다.

나는 1년에 몇 권의 책을 읽는가?(대상 176명)

	0~2권	5권 이하	10권 이하	20권 이하	20권 이상
합계	28	40	61	30	17
비율	15.9%	22.7%	34.7%	17.0%	9.7%

독서를 좋아하는가?(대상 173명)

	좋아함	보통	안 좋아함
합계	77	48	48
비율	44.5%	27.7%	27.7%

모둠_ '독서란_____이다. 왜냐하면 _____이기 때문이다.'

모둠별로 독서는 무엇인지 서로 이야기를 나누고, 모둠칠판에 이를 표현하도록 했다. 평소에 비주얼씽킹으로 표현하는 활동을 해왔기 때문에 자연스럽게 아이들이 상의하고 표현했다.

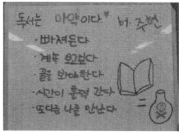

모둠_ 나의 독서방법 나누기

전체적인 독서에 대한 인식이 공유된 이후에는 자신들이 독서를 어떻게 독서를 어떻게 할지는 모둠 안에서 나누도록 했다. 어떻게 독서를 하는 것이 가장 좋을까에 대해 자연스럽게 생각이 전환되도록 한 시간이었다.

이에 대해 이야기를 나누니 자연스럽게 다양한 독서의 방법을 나눌 수 있었다. 교과서에 나오는 방법들이 아이들의 입에서 나오는 것들을 보았고, 이를 정리하는 시간을 가졌다. 아이들은 다른 친구들의 방법들을 보고 들으며 공감하는 시간이 되었다.

 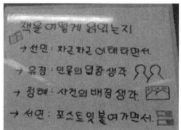

메모리딩에 대한 세바시 영상시청

세바시(세상을 바꾸는 시간 15분) 중에서 "메모, 공부를 바꾸다" 영상을 보는 시간을 가졌다. 「메모습관의 힘」을 쓴 베스트셀러 작가이자 LG전자 책임연구원인 신정철 작가가 메모를 통해 자신의 삶이 어떻게 바뀌었는지 말하는 영상이다.

* 세바시 영상은 유튜브에서 "세바시+강연자 이름"으로 검색하면 편하게 찾을 수 있다. 이 영상은 "세바시 신정철"로 검색하면 된다.

'메모리딩'에 대한 글 읽기와 빙고게임

아래의 학습지를 활용하여 메모리딩에 대해 새롭게 알고, 이를 적용하여 책을 읽음으로써 자신의 성장에 도움이 된다는 것을 알려 주고 싶었다. 학습지에 있는 대로 볼펜 색을 달리하여 책을 읽는 방법을 활용하게 했고, 핵심키워드를 통한 빙고게임을 실시하였다.

*참고로 빙고게임은 어느 수업에서나 쉽게 적용할 수 있는 방법 이고, 아이들도 즐거워한다.

빙고게임을 위해 빙고를 채울 때는, 칸마다 단어를 적어도 되고, 구절을 적어도 된다고 하였다. 즉 '메모'와 '리딩'을 따로 적어도 되고, 이를 합쳐서 '메모리딩'으로 적어도 된다고 했다. 빙고게임 시에는 한 명씩 아이들이 자신이 적은 것 중 한 가지를 이야기하도록 했는데, 다른 사람이 이야기한 단어나 어절을 정확히 썼을 때만, 자신의 칸에 적인 단어나 어절을 지울 수 있도록 했다.

2012년 겨울 나는 페이스북에서 '소셜북스(social books)' 페이지를 운영하는 오승주 님을 알게 되었다. 소셜북스 페이지는 책을 함께 읽고 댓글 놀이를 통해 책에 대한 이야기를 나누는 커뮤니티 페이지인데, 오승주 님은 독서법에 대한 소개글을 종종 올려주셨다. 책을 읽고 어떻게 하면 머릿속에 더 잘 남길까 고민하던 나는 오승주 님께 읽은 책을 잘 활용할 수 있는 독서법에 대해 페이스북 메시지로 문의를 드렸다. 그전까지 서로 한 번도 만난 적이 없는 사이였지만, 오승주 님은 고맙게도

본인의 독서 기술을 정리한 자료를 보내주셨다. 오승주 님이 소개해주신 독서법은 바로 '메모 리딩(memo reading)'이었다.

'메모 리딩'은 책을 읽으면서 메모하는 독서법이다. 책을 읽으면서 중요하다고 생각되거나 인상적인 부분이 있으면, 그 부분을 발췌하여 노트에 옮겨 적는다. 그리고 그 부분에 대한 자신의 생각을 그 아래에 적는다. 이때 책에서 인용한 문장과는 쉽게 구분할 수 있도록 다른 색상의 펜으로 쓴다. 책을 다 읽으면 책 전체에 대한 감상을 간략하게 한 문장으로 적어둔다.

책의 문장을 옮겨 적을 때는 인용하고 싶은 부분을 전부 노트에 옮겨 적는 것이 좋다. 긴 문단 전체를 쓰기 힘들다고 해서 시작이나 끝 부분만 옮겨 적어두면 나중에 곤란할 때가 있다. 노트에 메모한 것을 갖고 책의 내용을 파악하거나 글을 쓰기 위해 참조할 때 결국 다시 책을 가지고 와서 해당 부분을 찾아 읽어야 하는 번거로움이 생긴다.

- 책「메모습관의 힘」중에서, 신정철

① 작가가 의도한 내용 파악 - 빨간색으로 밑줄
② 나에게 적용할 내용 파악 - 파란색으로 밑줄
③ 글에서 중요하다고 생각하는 키워드를 밑의 빙고판에 적기

*배움일기

오늘은 독서→성찰, 독서 방법에 대해 이야기하였다. 아이들의 독서 방법, 기억에 남는 책을 읽었던 방법을 들어보니 상상하며 읽는 아이들이 많았다. 나는 책을 읽고 이해가 확실하지 않아 관련된 영화를 보는 방법으로 독서를 보충한다.

쉽게 까먹는 독서에 대한 해결책인 메모 리딩에 관한 글도 읽었다.

'메모리딩'은 책을 읽으며 메모를 하는 독서 방법이다. 조금 힘들고 귀찮을 수 있지만 메모리딩을 하다 보면 자신 생각의 흐름을 파악할 수 있고 때때로 도표와 그림을 통해 이해하기 쉽게 할 수 있다. 이러한 메모리딩의 목적은 자신의 반응을 기록하는 것이다. 계속 스스로 질문을 하여 삶에 적용하는 것이 중요하다.

메모리딩은 글쓰기와 자기 생각과 가치관을 생각하는 데 큰 도움이 될 것 같다. 재미있는 수업이었다.

• 이 책의 저자의 과거 문제점 : 예전에 읽었다는 사실은 기억나는데, 책의 내용을 떠오르지 않았다.

• 해결책 : 독서 노트 쓰기 - 밑줄 친 부분을 노트에 옮겨 적고 거기에 내 생각을 쓰기 시작함. 저자와 독서 노트를 통해 대화를 주고받기 시작한 것이다. 이러한 내용을 인상 깊게 읽었고 교과서에 독서는 결국 '사회적 소통 행위이다'라고 표현한 것을 읽어봄으로써 이번 시간을 통해 독서의 본질과 가치를 생각해 보는 계기가 되었다.

[3차시: 말하고 싶은 책의 제재 찾기]

'어떤 책을 써야 할까?'에 대한 답을 찾는 수업을 하려고 했다. 그래서 질문을 던지는 시간을 가졌다. 아래의 10개의 질문에 답하고 그중에서 자신이 쓰고 싶은 책의 주제를 구체화하는 시간을 가지고자 했다. 활동을 통해 자신이 쓰고 싶은 주제를 찾아 보는 시간을 가져보려고 했다.

---

1. 내가 좋아하는 과목은?
2. 내가 좋아하는 분야는?
3. 나의 희망진로는?
4. 내가 가고 싶은 학과에서 배우는 것은?
5. 내가 가장 많이 보는 것은?
6. 내가 가장 많이 손으로 하는 것은?
7. 내가 가장 많이 가는 곳은?
8. 내가 가장 잘하는 것?
9. 내가 궁금해 하는 것?
10. 내가 사회에서 비판하고 싶은 것?

아이들은 질문에 대한 답을 잘하지 못했다. 아이들은 자신에 대해 잘 몰랐고, 질문이 익숙지 않았던 것 같다. 훈련되지 않은 아이들에게 갑자기 이런 것들을 물어보는 게 낯설기만 했을 것이다.

아니 어쩌면 당연한 지도 모른다. 이 책을 보고 있는 선생님들에게도 '나 자신'에 대해 잘 알고 있느냐고 위의 질문에 대해 답을 하라고 하면 바로바로 잘 대답할 수 있을까? 하는 의문을 뒤늦게 갖게 되었다.

어찌 되었건 아이들이 질문에 대한 답을 하게 난 뒤에는 다음과 같은 대화가 오갔다.

교사 "10개의 질문에 대한 답 중에서 내가 가장 이야기하고 싶은 답, 글로 쓰고 싶은 답 5개만 남기세요."

(아이들이 다 고른 뒤에는) "이제는 5개 중의 2개만 남기세요."

(아이들이 다 고른 뒤에는) "이제는 2개 중의 1개만 남기세요."

학생 "선생님, 저는 2개 중의 1개를 고르지 못하겠어요!"

교사 "그럼, 2개를 섞어서 책의 재료로 하면 어떨까? 주제가 흐트러질 수도 있지만 좋은 선택일 것 같아. 버린 것 중에서 1개를 강제로 결합해도 좋아요. 혹시 '하리하라의 과학 블로그'나 '하리하라의 생물학카페' 같은 책은 책을 읽어본 적이 있나요? '하리하라'라는 필명을 쓰는 유명한 과학 칼럼니스트로 활약하는 이은희 작가라는 분이 계셔요. 그분은 과학에 대한 대중적인 글을 쓰는데, 신화와 같은 인문학적 요소와 과학적인 요소를 결합하여 재미있고, 이해하기 쉬운 글을 쓰고 있어서 많은 사랑을 받고 있어요. 여러분도 그렇게 서로 다른 것들을 연결해서 새로운 글을 쓸 수 있어요."

이후, 자신이 정한 답을 가지고 어떤 이야기를 할 수 있을지 연꽃기법을 활용하여 생각의 폭을 넓혀보았다.

연꽃 기법은 크로바 경영 연구소(일본)의 마쓰무라 야스오가 실제 연꽃을 보고 개발한 기법으로 브레인스토밍으로 나온 아이디어를 체계화하기 위해 활용하는 것을 목적으로 한다고 알려져 있다.(다른 말로는 '만다라트'라고도 한다.)

* 필요한 양식이나 방법은 검색하면 많이 나옵니다. 구글에 '연꽃 기법 hwp'로 검색하면 한글문서로 된 자료들을 내려 받으실 수 있습니다.

이동중	거실	내방
교무실	장소	침대
도서관	카페	교실

아무때나	쉬는시간	점심시간
저녁시간	시간	아침
마음먹고	늦은밤	새벽

운동	교육	소설
수업	장르	문학
종교	과학	시

낭독듣기	묵독	메모리딩
서평쓰기	방법	밑줄치기
발췌독	필사	요약

장소	시간	장르
방법	독서	이유
관련도서	모임	나의관심

대화	책쓰기	그냥
심심해서	이유	수업적용
글쓰기	서평	교양

어떻게 읽을 것인가 (고영성)		
	관련도서	
독서력 (사이토 다카시)		

카페모임	점심모임	그림책
학생들과	모임	교사와
책소개	온라인	독서토론

독서	그림책	글쓰기
여행	나의관심	유튜브
가족	육아	비주얼씽킹

['독서'를 주제로 만든 묵쌤의 만다라트]

✓ 가로·세로 3칸의 표 9개로 이루어진 양식을 배부한다. 가운데 표 중간에 중심이 되는 주제를 쓰도록 한다.

✓ '주제' 둘레에 있는 8개의 빈칸에 주제와 관련된 아이디어를 생성하여 기록하도록 한다.

✓ 부주제 낱말은 8개 표의 새로운 연꽃의 중심 주제가 되며, 그와 관련된 아이디어 8개를 생성하도록 한다. 이때, 주의할 점은 아이디어에 대해 평가를 하지 않는 것이다. 그래야 다양한 생각들을 끌어낼 수 있다.

'독서'라는 주제로 저의 생각을 연꽃 기법으로 써보았습니다. 개인적으로는 생각이 잘 생각이 안 날 때는 육하원칙을 떠올립니다. '누가, 언제, 어디서, 무엇을, 어떻게, 왜'라는 항목을 떠올리며 생각을 하면 적어도 6개의 소주제를 작성할 수 있습니다.

---

*배움일기

전자책을 구체적으로 기획하기에 앞서 나에 대해 알아보는 학습지를 채워나갔다. 주제 1개를 명확히 꼽진 못했고 나의 꿈, 미래, 봉사활동, 여행 등의 주제로 만들고 싶다고 생각했다. 그리고 선생님의 책인 '동물원 야간 개장'에 대해 말씀하시면서 명확한 독자를 설정해야 한다는 조언을 해주셨다.

[4~6차시: 영화 '프리덤 라이터스 다이어리' 시청 및 질문하기]

"우리가 왜 책을 써야 해요?"라고 질문하는 아이들에게 답이 될 책과 영화가 있다. 실화를 바탕으로 제작된 '프리덤 라이터스 다이어리'라는 책과 영화다.

영화는 2007년에 나왔는데, 실화임에도 갈등요소가 분명하고, 아이들이 좋아할 만한 요소들이 곳곳에 있어서 모든 아이가 잘 본다. (심지어 남자 중학생들도...) 내용은 아래와 같다.

미국 캘리포니아에 있는 한 고등학교의 203호는 교사들이 가르치기를 포기한 학생들이 모여 있는 교실이다. 보호 관찰 대상인 아이들도 있으며, 마약 중독을 치료 중인 아이들도 있다. 학교에서는 차별과 싸움이 끊이지 않고, 거리에서는 갱들로 인해 전쟁터나 다름없다. 그래서 아이들에게 희망이란 없었다. 하지만 1994년 가을, 에린 그루웰이라는 교사가 나타나 글쓰기 수업을 통해 '희망'을 가르치는데……

-책 『프리덤 라이터스 다이어리』 소개 중에서

* 참고로 영화는 검색 사이트에서 '프리덤 라이터스'로 검색해야 나온다.
  ('프리덤 라이터스 다이어리'가 아니라…)
* 영화는 15세 이상 관람가, 상영시간은 122분.

영화의 주인공이자 아이들과 책을 쓴 교사
'에린 그루웰'

　저자 에린 그루웰(ERIN GRUWELL)은 '세상의 모든 학생에게 학문적 잠재력을 깨닫는 기회와 희망을 제공하는 것'을 목표로 세워진 자유의 작가 재단(FREEDOM WRITERS FOUNDATION) 대표.

　그녀는 미국과 유럽 전역에서 자기치유 글쓰기 수업을 장려하는 전문가로 활동하는 한편, 교수법을 연구하고 장학금을 지원하는 등 교육계에 헌신하고 있다.

　대학을 졸업하고 캘리포니아 롱비치 윌슨고등학교에서 4년간 문학을 가르쳤던 이야기와 당시 제자였던 아이들의 일기 142편을 함께 엮은 《프리덤 라이터스 다이어리(THE FREEDOM WRITERS DIARY)》는 출간 직후 뉴욕타임스 베스트셀러 1위를 기록했으며, 뉴스위크·타임·피플·오프라윈프리쇼·굿모닝아메리카 등이 대대적으로 보도했다. 자기치유 글쓰기의 교육효과를 감동적으로 증명해낸 이 책은 미국 공교육에 '프리덤 라이터스 교수법'이 도입되는 데 큰 영향을 미쳤다.

　이후 에린 그루웰은 캘리포니아 주립대학교 강단에서 교사를 가르치게 되었고, 자유의 작가들과 지속적인 모임을 이어가면서 자유의 작가들 재단 활동을 겸하고 있다.

-「프리덤 라이터스 다이어리」, 저자 소개-

3시간 동안 영화를 보았다. 영화의 맨 마지막 장면에는 실제 선생님과 학생들이 찍은 사진이 나온다. 그 마지막 장면으로 보며 학생들은 영화의 내용이 거짓이 아니라 실화라는 사실에 놀랐다. 영화를 보며 아이들의 노트에 대답을 적게 했던 질문은 이런 것들이었다.

1. 지금까지 본 영화의 내용을 3문장으로 요약한다면?
2. 앞으로 어떤 내용이 이어질까요?
3. 영화 속 학생들을 위해 필요한 것은?
4. 영화 속 학생들과 나의 공통점은?

돌이켜보면, 영화에 대해 더 깊이 생각하고 학습지를 만들어 공유했다면 학생들을 더 체계적으로 생각하게 하고 도움을 주었을 것이라 생각한다.

* 일반적으로 활용할 수 있는 영화 학습지를 개발한 것이 있습니다. 부록에 내용을 실었습니다. 파일은 제 샘스토리에 있습니다. 링크로 오시면 됩니다. → gg.gg/mukbook5

[아이들이 쓴 내용]
앞으로 어떤 내용이 이어질까요?
아이들이 착해진다, 글 쓴다, 선생님과 친해진다, 랩을 만든다
영화 속 학생들을 위해 필요한 것?
배려와 관심, 지원, 이해, 역지사지, 역사의식, 부모님의 사랑, 관심과 인정, 마음의 평화, 상대방 존중, 정신과 치료
영화 속 학생들과 나와의 공통점은?
인성이 못됐다, 공부하기 싫다, 점심시간에 춤춘다. 폭력적, 랩 배틀

마음을 열어야 길이 열린다.

'에린 그루웰'이란 교사가 학생들을 변화시킨 것은 그들의 마음을 열었던 것이 시작이었지. 학생들과 선을 두고 가까이 오게끔 하는 게임을 하며 학생들이 삶을 이야기할 수 있게 했어. 학생들을 진정성 있게 대하려고 노력했던 것이 기억에 남는구나.

인풋(input)과 아웃풋(output)의 원리

들어가는 것이 있어야 나오는 것이 있는 거야. 독서를 해야 글을 쓸 수 있는 거지. 영화에서 보면 학생들이 바로 글을 쓸 수 있었던 것은 아니잖아? 안네 프랑크의 일기나 즐라타의 일기를 읽으며, 자신들도 글을 쓸 마음을 얻고 어떻게 글을 써야 하는지 배웠지. 무엇인가를 배우고 알아야 글을 쓸 수 있단다.

세상과 만나기

에린 그루웰 교사는 유명 인사를 초청하고 학생들과 현장으로 뛰어 나갔어. 세상을 만나며 학교 밖 넓은 세상을 보여주었단다. 그것이 아이들을 성장하게 했고 눈을 열어주었지.

한사람

한 사람의 영향력은 이렇게 큰 것이야. 한 사람이 바뀌면 한 세상이 바뀐단다. 너희도 그런 사람이 될 수 있을 거야.

*배움일기

　오늘은 제주도에 갔다가 바로 온 날이어서 힘든 우리를 배려해주시려고 영화를 보았다. 정말 좋았다. 그 영화는 정말 슬픈 것 같다. 그 일이 실화라는 것도 놀라웠다. 나중에 늦게 그 영화를 다 볼 수 있을 줄 알았지만, 오늘 다 보아서 너무 좋았다.
　문학 수업은 즐겁다. ^^

[7~8차시: 저작권 교육]

'다른 사람의 글을 함부로 베끼면 안 된다.'

'인터넷에 있는 사진이나 글을 함부로 가져오면 안 된다.'

이 정도가 국어과에서 실시하던 저작권교육의 핵심이다. 하지만 책을 쓰려면 다른 사람의 글도 인용해야 하고, 독자가 보기 편하게 그림도 넣어야 한다. 즉, 저작권을 알아야 제대로 책을 쓸 수 있다. 다시 말하지만, 교육적인 목적에서 비상업적으로 아이들이 책을 만들고 이를 나누려는 목적이면 크게 신경 쓰지 않아도 된다.

하지만 이 프로젝트의 목적이 일상에서 어떻게 나의 저작물이 보호될 수 있는지, 어떤 부분을 내가 꼭 지켜야 하는지 등을 알고, 앞으로 살아가기 위한 힘을 기르고자 하는 목적이라면, 그리고 책을 제작하는 실제를 경험하기 위함이라면 저작권에 대한 부분을 교사가 제대로 알고 이야기해주어야 한다. 아이들은 수업에서 학교를 넘어 세상을 만나야 하고 세상을 만나는 법을 배워야 한다고 생각한다면…

하지만 저작권은 사례별로 그 적용이 조금씩 다르다. 그래서 내가 먼저 열심히 공부하고, 그 공부한 내용을 아이들과 나누었다.

[수업진행]

1. 저작권법에 대한 강의

2. 모둠별 문제 해결 – 문제에 대한 해설

3. **저작권법에 대한 강의를 다시 하고 이를 유튜브에 올려서 계속 볼 수 있게 함. (아이들이 어렵다고 해서 개별학습이 가능하게……)**

4. 시험

교사: 만약 여러분이 인터넷에서 소설을 내려 받았는데, 그 소설을 다른 사이트에 올리면 어떻게 되나요?

학생: 저작권 침해 아닌가요?

교사: 네 맞습니다. 그런 경우에는 아마 법률사무소에서 전화가 와서 합의금을 요청하거나, 여러분의 주소지로 편지가 날라올 겁니다. 그러면 여러분은 어떻게 해야 하나요?

(학생들은 주변에서 자신이 아는 사람들이 겪은 이야기들을 한다. 실제로 그런 사례들이 종종 발생하기 때문이다.)

학생: 합의금을 줘야 할 것 같아요.

교사: 아니에요. 그럴 때는 가만히 있어도 됩니다. 왜냐하면 청소년들은 저작권을 침해해서 고소당해도, 한 번은 선처해주는 '고소 각하제'를 실시하고 있기 때문입니다. 이 제도는 원래 2009년부터 시행해서 1년 단위로 연장을 해왔는데, 2018년부터는 계속 운영합니다.

이 제도가 시행된 데에는 사연이 있습니다. 2007년, 전남 담양에 고1의 남학생이 살고 있었는데요. 문학을 좋아하던 이 소년은 인터넷에 있는 소설을 내려 받아 다시 인터넷에 게시하게 됩니다. 이후 이 소설의 저작권자를 대신한 법인에서 걸려온 합의 전화를 받고 몇 십만 원을 내고 일단 합의를 하게 됩니다. 그런데 나중에는 다른 소설로 다시 저작권 침해로 형사고소를 당하고 저작권자의 합의금 요구에 고민하다가 자살을 했어요. 이런 일이 다시는 없도록 '고소 각하제'를 실시하게 됩니다.

지금도 저작권에 대한 부분을 잘 모르는 사람들을 대상으로 이런 일들은 계속되고 있습니다. '저작권'과 관련된 사항과 법을 알아야 여러분의 저작권 지킬 수도 있고, 다른 사람의 저작권을 지킬 수도 있습니다.

여러분, 잘 살기 위해서는 세상에 대해 알아야 합니다. 배워야 합니다.

[저작권 수업에 활용한 자료]

* 아래부터 141쪽까지의 내용은 모두 한국저작권위원회(www.copyright.or.kr)에서 내용을 인용했습니다. 한국저작권위원회에서는 교사를 대상으로 원격 연수를 계속 진행 중입니다. 연수에 참여하시면 좋겠습니다.

'저작물'이란?

'저작물'은 '사람의 사상이나 감정을 일정한 형식에 담아, 이를 다른 사람이 느끼고 깨달을 수 있도록 표현한 것'이라 할 수 있다. 저작물이 저작권 보호의 대상이 되는 것이다. 저작물이 보호되려면 다음과 같은 조건이 필요하다.

[보호조건 ①] 독창성을 지녀야 한다. 여기에서 독창성이란 표현의 독창성을 말한다. 자신의 사상이나 감정을 다른 사람의 표현형식을 빌리지 않고 독자적으로 표현할 경우에 독창성이 있다고 할 수 있다. 저작물로서 인정받기 위해서는 오직 독창성만을 요구한다. 따라서 특정 저작물이 예술성이 떨어진다거나 가치나 품격이 없다고 하더라도 독창성이 있다면 저작물이 된다.

[보호조건 ②] 다른 사람이 느껴서 알 수 있을 정도로 외부에 나타내야 한다. 어떤 구상이나 아이디어, 화풍 등은 바깥으로 나타나지 않는 것이므로 저작물이 아니다. 저작자의 머릿속에 있는 것을 다른 사람이 느낄 수 있도록 어떠한 형식으로든지 나타내어야 한다. 그러나 저작물이 유형적으로 고정되어 있어야 하는 것은 아니다. 표현형식이 무형적인 것이더라도 다른 사람이 느껴서 알 수 있으면 된다. 예를 들어, 강연은 아무런 고정 과정을 거치지 않지만 저작물로 충분히 보호될 수 있다.

'저작권'에 대한 질문과 답변

출처: 2014 저작권 상담사례(한국저작권 위원회)

1. 우리 회사를 상징하는 독특한 로고를 직접 디자인하였는데, 이러한 로고도 저작권법상 보호가 되는가?

로고가 저작권법상의 보호대상인 저작물에 해당되기 위해서는 해당 로고가 창작성 있게 표현되었는지 여부가 중요하다. 로고가 도형이나 색채와 결합되어 시각적 이미지의 형태로서 미술적으로 표현된 경우라면 미술저작물에 해당되어 저작권법상 보호를 받을 수 있으며 저작권 등록도 가능하다. 한편 단순한 문자로 구성된 제품명이나 회사명 자체는 상표권에 의한 보호대상이 될 여지는 있을지라도 저작물로 인정받기는 어려울 것이다.

2. 트위터에 쓴 140내의 짧은 글도 저작권법의 보호를 받을 수 있는가?

글의 분량이 짧더라도 140자 안에 저작권법상 보호하는 '인간의 사상이나 감정'의 '창작적 표현'이 이루어졌다면 저작물로 보호가 가능하겠지만, 일상생활에서 평이하게 쓰는 단어로 이루어진 문장이라면 저작권법으로의 보호는 어려울 것이다.

3. '나가사끼 짬뽕'을 출시해 판매하는 △△식품이 '내가 제일 잘 나가사끼 짬뽕'이라는 문구를 사용해 광고를 하자, 인기 걸그룹 투애니원 (2NE1)의 노래 제목 '내가 제일 잘 나가'의 작사·작곡자가 자신의 저작권을 침해했다며 광고사용 게재 금지 가처분 신청을 했다. 결과는?

이 사건은 '나가사끼 짬뽕'을 출시해 판매하는 △△식품이 '내가 제일 잘 나가사끼 짬뽕'이라는 문구를 사용해 광고를 하자, 인기 걸그룹 투애니원(2NE1)의 노래 제목 '내가 제일 잘 나가'의 작사·작곡자가 자신의 저작권을 침해했다며 광고 사용 게재 금지 가처분 신청을 한 사안으로, 법원은 "투애니원의 '내가 제일 잘 나가'라는 문구는 인기를 많이 얻거나 사회적으로 성공했다는 단순한 내용을 표현한 것으로 보호할 만한 독창적인 표현형식이 포함되어 있다고 보기 어렵다."라며 "사상이나 감정을 창작적으로 표현한 저작물로 보기 어려워 보호받을 수 없다."라고 판단하였다.

4. 새로운 기술의 고안, 사업 아이템 등의 제안서, 방송프로그램의 포맷, 지방자치단체의 축제 개요 등이 저작권법으로 보호가 될 수 있는가?

저작권법의 보호를 받는 저작물이란 인간의 사상 또는 감정을 표현한 창작물을 말하는데, 이는 아이디어 그 자체는 저작물로 보호되지 아니하고 구체적 표현만이 저작물로 보호된다고 하는 '아이디어와 표현의 이분법'으로 설명된다. 즉 저작물의 성립요건을 모두 갖추어 저작물로 성립하였다고 하더라도 그 저작물을 이루는 여러 가지의 구성요소 모두가 저작권법의 보호대상이 되는 것은 아니며, 저작권법의 보호가 미치는 부분은 말, 문자, 음, 색 등에 의한 창작적인 표현에 한정된다.

5. 국내에서 유통이 금지된 음란물에도 저작권이 있는가?

저작권법은 인간의 사상 또는 감정을 표현한 창작물을 그 보호대상으로 규정하고 있는데, 저작권법으로 보호받기 위해서 높은 수준의 창작성이 요구되는 것은 아니며, 단지 남의 것을 모방하지 않고 작자 자신의 독자적인 사상 또는 감정의 표현을 담고 있으면 저작물로 성립하게 된다. 따라서 작품성의 높고 낮음이나 윤리성 등은 저작물 성립에 영향을 미치는 요소가 아니며, 마찬가지로 특정한 저작물이 사회적으로 용인되는 것이냐의 여부 역시 저작물성 판단과는 무관하다.

6. 보도기사는 모든 사람에게 널리 알리기 위한 목적으로 만들어져 저작권법으로 보호가 되지 않을 것 같다. 자유롭게 이용할 수 있는가?

저작권법 제7조 제5호에서 사실의 전달에 불과한 시사보도는 저작물 보호대상에서 제외하고 있다. 이는 저작권법의 보호대상은 외부로 표현된 창작 형식이지 사건 자체는 아니며, 시사보도는 그 특성상 여러 정보를 신속하게 전달하기 위하여 간결하고 정형적인 표현을 사용하는 것이 보통이고 창작적인 요소가 개입될 여지가 적다는 점을 고려한 것이다. 그러나 모든 뉴스가 사실의 전달에 불과한 시사보도인 것은 아니다. 보도기사를 작성하는 기자의 창작성이 반영된 기사와 사진 등은 저작물로 보호를 받을 것이고, 논설문이나 기고문 등은 당연히 집필자의 사상과 감정이 표현되어 있으므로 어문저작물로 보호된다.

7. 오바마 미국 대통령의 연설문을 이용하여 영어교재를 제작하려 하는데, 오바마 대통령이나 백악관의 허락이 필요한가?

정치적인 의견 개진과 자유로운 토론을 보장하는 것은 민주주의의 시작이라 할 수 있으며 이는 국민의 알 권리와도 밀접하게 관련되어 있기 때문에, 우리 저작권법은 공개적으로 행한 정치적 연설 및 법정·국회 또는 지방의회에서 공개적으로 행한 진술(이하, 정치적 연설 등)은 동일한 저작자의 연설이나 진술을 편집하여 이용하는 경우를 제외하고는 어떠한 방법으로도 이용할 수 있도록 규정하고 있다.

8. 영화비평 블로그를 운영 중이다. 최근 감상한 영화에 대한 감상 글을 작성하면서 영화 일부분을 캡처한 것이나 포스터를 함께 업로드 하고 싶다. 저작권에 위배되는가?

우리 저작권법 제28조는 보도·비평·교육·연구 등을 위해서는 공표된 저작물을 정당한 범위 안에서 공정한 관행에 합치되게 인용할 수 있도록 규정하고 있다. 이 같은 인용규정의 대표적인 예는 논문 등을 저술하면서 타인의 저작물 일부를 이용하고 각주로 그 출처를 밝히는 경우이다. 이와 같은 인용규정의 적용 가능성과 관련하여 가장 빈번한 질문 가운데 "몇 페이지 정도가 인용 가능한가?", "출판되는 책이나 유료로 제공되는 교육 등에 있어서는 적용될 수 없는가?" 등이다.

이와 관련하여 우리 법원은 인용에 있어 저작물의 구체적인 분량이 아닌 '부종적 성질', 즉 인용 대상이 되는 저작물이 주(主)가 아니라 종(從)이 되는지 여부를 판단하고 있으며, 영리적인 목적에 있어서는 "반드시 비영리적인 이용이어야만 하는 것은 아니지만 영리적인 목적을 위한 이용은 비영리적인 이용의 경우에 비하여 자유이용이 허용되는 범위가 상당히 좁아진다."라고 판단하고 있다. 즉 영리적인 이용이라 하여 인용규정의 적용을 배제할 것은 아니고, 다만 인용의 요건인 '정당한 범위'나 '공정한 관행'을 판단함에 있어

비영리적 이용에 비해 엄격한 기준을 적용하여야 할 것이며, 특히 일반 수요자들의 시장수요를 상당히 대체하는지 여부도 엄격하게 고려될 것이다. 그러므로 영화비평의 글을 쓰기 위하여 영화의 한 장면이나 포스터 등을 함께 업로드 하는 것은 위의 인용규정에 따라 이용 가능할 것이다.

9. 가수 싸이의 '강남스타일' 뮤직비디오가 유튜브에서 인기를 끌면서 패러디 열풍이 뜨거운데, 그 뮤직비디오를 패러디하여 UCC(User Created Contents)를 제작하는 것이 저작권법에 저촉되지 않는가?

패러디란 특정 작품의 소재나 작가의 문체를 흉내 내어 익살스럽게 표현하는 수법이나 그러한 작품으로 원작품을 비평하거나 풍자하기 위한 것을 말한다. 저작물을 패러디하기 위해서는 원저작물의 복제 및 변형이 반드시 수반되기 마련이므로, 이를 위한 이용에 있어서는 원칙적으로 저작권자의 허락이 필요하다. 그러나 우리 저작권법은 일정한 경우에 저작권자의 허락 없이도 자유롭게 이용할 수 있는 저작재산권 제한 규정을 두고 있는데, 저작권법상 패러디에 대한 명시적

규정이 존재하지는 않지만 패러디를 공표된 저작물의 인용으로 판단한 판례가 있다. 기존의 저작물에 풍자나 비평 등을 통해 새로운 창작적 노력을 부가함으로써 사회 전체에 유익함을 가져다 줄 수 있다고 판단한 것이다. 또한 저작권법 제35조의3에서는 저작물

의 통상적인 이용방법과 충돌하지 아니하고 저작자의 정당한 이익을 부당하게 해치지 않는 경우에는 보도·비평·교육·연구 등을 위하여 저작물을 이용할 수 있다고 규정하고 있다. 따라서 가수 싸이의 '강남스타일' 뮤직비디오 패러디물들이 영리적인 목적이 없고, 원본의 시장 수요를 대체할 만한 복제가 이루어졌다고 보기 어렵다면, 저작권법상 공정한 이용의 범주 안에서 이용되었다고 볼 수 있을 것이다.

10. 서점에서 구매한 새 책을 들고 다니면서 보는 것이 무겁고 불편하여, 북 스캔 전문 업체에 스캔을 맡기거나 집에서 직접 스캔한 후 스마트폰 등에 파일을 옮겨서 읽으려고 한다. 스캔이 끝난 책은 중고서점 등에 다시 되팔아도 문제는 없을까?

최근 도서를 전문적으로 스캔하여 전자책(EPUB, PDF) 형태로 제공하는 소위 북 스캔 전문 업체들이 늘고 있다. 또한 일반 스캐너보다 상대적으로 고가였던 북 스캐너(도서전용 스캐너)의 가격이 많이 낮아져 가정에 보급이 확산되고 있으며, 스마트폰 애플리케이션을 이용하면 간단한 촬영만으로도 북 스캐너를 이용한 것과 같은 효과를 얻을 수 있기도 하여 북 스캔이 더 이상 전문 업체들만의 전유물이 아닌 상황이 되었다. 휴대나 보관의 용이성 때문에 많은 사람들이 도서를 스캔하여 각종 스마트 기기를 이용한 독서를 즐기고 있는데, 저작권자의 동의 없이 스캔을 대행해 주는 북스캔 업체의 행위는 저작권법상 복제로서 저작권을 침해하는 행위로 볼 수 있다. 다만, 구매한 도서를 가정에서 구비하고 있는 북 스캐너를 이용하여 직접 스캔하고, 스캔한 전자책을 다른 사람에게 전송하거나 배포할 목적이 아니라 개인적인 목적으로만 이용할 경우에는 사적 이용을 위한 복제 규정이 적용될 수도 있을 것이다.

[저작권법 주요 조항]

제5조(2차적저작물) ①원저작물을 번역·편곡·변형·각색·영상제작 그 밖의 방법으로 작성한 창작물(이하 "2차적저작물"이라 한다)은 독자적인 저작물로서 보호된다.

②2차적저작물의 보호는 그 원저작물의 저작자의 권리에 영향을 미치지 아니한다.

제7조(보호받지 못하는 저작물) 다음 각 호의 어느 하나에 해당하는 것은 이 법에 의한 보호를 받지 못한다.

1. 헌법·법률·조약·명령·조례 및 규칙
2. 국가 또는 지방자치단체의 고시·공고·훈령 그 밖에 이와 유사한 것
3. 법원의 판결·결정·명령 및 심판이나 행정심판절차 그 밖에 이와 유사한 절차에 의한 의결·결정 등
4. 국가 또는 지방자치단체가 작성한 것으로서 제1호 내지 제3호에 규정된 것의 편집물 또는 번역물
5. 사실의 전달에 불과한 시사보도

제24조(정치적 연설 등의 이용) 공개적으로 행한 정치적 연설 및 법정·국회 또는 지방의회에서 공개적으로 행한 진술은 어떠한 방법으로도

이용할 수 있다. 다만, 동일한 저작자의 연설이나 진술을 편집하여 이용하는 경우에는 그러하지 아니하다.

제25조(학교교육 목적 등에의 이용)

②특별법에 따라 설립되었거나 「유아교육법」, 「초·중등교육법」 또는 「고등교육법」에 따른 학교, 국가나 지방자치단체가 운영하는 교육기관 및 이들 교육기관의 수업을 지원하기 위하여 국가나 지방자치단체에 소속된 교육지원기관은 그 수업 또는 지원 목적상 필요하다고 인정되는 경우에는 공표된 저작물의 일부분을 복제·배포·공연·전시 또는 공중송신할 수 있다. 다만, 저작물의 성질이나 그 이용의 목적 및 형태 등에 비추어 저작물의 전부를 이용하는 것이 부득이한 경우에는 전부를 이용할 수 있다.

③제2항의 규정에 따른 교육기관에서 교육을 받는 자는 수업목적상 필요하다고 인정되는 경우에는 제2항의 범위 내에서 공표된 저작물을 복제하거나 전송할 수 있다.

④제1항 및 제2항에 따라 저작물을 이용하려는 자는 문화체육관광부장관이 정하여 고시하는 기준에 따른 보상금을 해당 저작재산권자에게 지급하여야 한다. 다만, 고등학교 및 이에 준하는 학교 이하의 학교에서 제2항에 따른 복제·배포·공연·방송 또는 전송을 하는 경우에는 보상금을 지급하지 아니한다.

⑩제2항의 규정에 따라 교육기관이 전송을 하는 경우에는 저작권 그 밖에 이 법에 의하여 보호되는 권리의 침해를 방지하기 위하여 복제방지조치 등 대통령령이 정하는 필요한 조치를 하여야 한다.

제28조(공표된 저작물의 인용) 공표된 저작물은 보도·비평·교육·연구

등을 위하여는 정당한 범위 안에서 공정한 관행에 합치되게 이를 인용할 수 있다.

제30조(사적이용을 위한 복제) 공표된 저작물을 영리를 목적으로 하지 아니하고 개인적으로 이용하거나 가정 및 이에 준하는 한정된 범위 안에서 이용하는 경우에는 그 이용자는 이를 복제할 수 있다. 다만, 공중의 사용에 제공하기 위하여 설치된 복사기기에 의한 복제는 그러하지 아니하다.

제37조(출처의 명시)

①이 관에 따라 저작물을 이용하는 자는 그 출처를 명시하여야 한다. 다만, 제26조, 제29조부터 제32조까지, 제34조 및 제35조의2의 경우에는 그러하지 아니하다.

②출처의 명시는 저작물의 이용 상황에 따라 합리적이라고 인정되는 방법으로 하여야 하며, 저작자의 실명 또는 이명이 표시된 저작물인 경우에는 그 실명 또는 이명을 명시하여야 한다.

제138조(벌칙) 다음 각 호의 어느 하나에 해당하는 자는 500만원 이하의 벌금에 처한다.

2. 제37조(제87조 및 제94조에 따라 준용되는 경우를 포함한다)를 위반하여 출처를 명시하지 아니한 자

※ 우리나라는 1996년에 베른협약에 가입하였다. 베른협약에 따르면 가맹국은 다른 가맹국 국민의 저작물을 자국민의 저작물과 동등하게 대우한다. 현재 미국을 포함하여 세계 주요 150여 국가가 가입해 있다.

'CCL'은 '자신의 창작물에 대하여 일정한 조건 하에 다른 사람의 자유로운 이용을 허락하는 내용의 자유이용 라이선스(License)'입니다. 저작권자는 자신의 의사에 맞는 조건을 선택하여 저작물에 적용하고 이용자는 적용된 CCL을 확인한 후에 저작물을 이용함으로써 당사자들 사이에 개별적인 접촉 없이도 그 라이선스 내용대로 이용허락의 법률관계가 성립합니다.6)

이용허락조건
저작자 표시 (Attribution) 저작자의 이름, 출처 등 저작자를 반드시 표시해야 한다는 필수 조건입니다. 저작물을 복사하거나 다른 곳에 게시할 때도 반드시 저작자와 출처를 표시해야 합니다.
비영리 (Noncommercial) 저작물을 영리 목적으로 이용할 수 없습니다. 따라서 영리 목적의 이용을 위해서는, 별도의 계약이 필요합니다.
변경금지 (No Derivative Works) 저작물을 변경하거나 저작물을 이용해 2차 저작물을 만드는 것을 금지한다는 의미입니다.
동일조건변경허락(Share Alike) 2차 저작물 창작을 허용하되, 2차 저작물에 원저작물과 같은 라이선스를 적용해야 한다는 의미입니다.

---

6) 출처: http://www.cckorea.org

CC라이선스	이용조건
	저작자와 **출처 등을 표시하면** 영리 목적의 이용이나 변경 및 2차적 저작물의 작성을 포함한 자유이용을 허락합니다.
	저작자와 출처 등을 표시하면 영리 목적의 이용은 가능하나, **변경 및 2차적 저작물의 작성은 허용되지 않습니다.**
	저작자와 출처 등을 표시하면 영리 목적의 이용이나 2차적 저작물의 작성을 포함한 자유이용을 허락합니다. **단 2차적 저작물에는 원저작물에 적용된 라이선스와 동일한 라이선스를 적용해야 합니다.**
	저작자와 출처 등을 표시하면 저작물의 변경, 2차적 저작물의 작성을 포함한 자유이용을 허락합니다. **단 영리적 이용은 허용되지 않습니다.**
	저작자와 출처 등을 표시하면 자유이용을 허락합니다. 단 영리적 이용과 2차적 저작물의 작성은 허용되지 않습니다.
	저작자와 출처 등을 표시하면 저작물의 변경, 2차적 저작물의 작성을 포함한 자유이용을 허락합니다. 단 영리적 이용은 허용되지 않고 2차적 저작물에는 원저작물에 적용된 라이선스와 동일한 라이선스를 적용해야 합니다.

 'CCL'(creative common license)은 우리가 블로그나 카페에 글을 쓸 때 마지막에 표시하게 되어 있다. 네이버에 'CCL'이라고 검색하면 사단법인 코드(C.O.D.E.) 사이트가 나온다. 이 사이트에는 CCL 표시에 대한 자세한 설명과 알기 쉽게 알려주는 동영상 등이 잘 탑재되어 있다. 이런 부분을 고려하지 않는다면, 내가 올린 작품이 저작권의 보호를 받지 못할 수 있다. 학생들이 자신의 저작물에 대한 권리를 지킬 방법을 알려주어야 할 것이다.

인용

저작권에 대한 핵심적인 부분은 '인용'과 관련된 부분이다. 이와 관련된 저작권법은 제28조이다.

공표된 저작물은 보도, 비평, 교육, 연구 등을 위해 '정당한 범위' 안에서 '공정한 관행'에 합치되게 이를 '인용'할 수 있다

-저작권법 제28조

이 저작권법에서 가장 중요한 단어는 무엇이라고 생각하는가?

내가 생각하는 답은 '등'이다. 무슨 이야기냐면 보도, 비평, 교육, 연구 외의 목적이라도 인용할 수 있다는 말이다.

그런데 인용이 몇 줄이나 몇 쪽까지 가능한지에 대한 부분은 정해지지 않았다. 즉, 양적인 기준이 없다. 하지만 기준이 없다고 해서 우리가 생각하는 상식을 넘어가는 분량[7]을 인용할 수는 없는 것이다.

다만 문제가 돼서 재판에 가게 되면 그때는 그 '정당한 범위'를 지켰는지를 따지게 된다. 그 정당한 범위는 내용으로도 인용을 한 사람이 만든 저작물이 질적으로나, 양적으로 우위에 있어 정당하게 인용되었는지를 보게 된다.

질적으로 보자면, 내 생각이나 주장을 펼치고 그 근거를 위해 인용하는 것은 문제가 없다. 하지만 인용하는 글이 중요한 부분을 차지하고, 그 내용에 대한 자신의 감상 정도만이 글에 들어간다면 문제가 될 것이다.

---

7) 예를 들면, 어떤 책의 1장(챕터) 정도를 인용할 수는 없다.

정당한 인용방법, 출처표시와 저작자 표시에 대한 내용은 다음의 내용을 참고할 수 있겠다.

정당한 인용 방법

저자가 원고를 쓸 때 다른 사람의 책에서 필요한 부분을 인용할 수 있다. 인용을 하는 행위는 지극히 자연스러우며, 인용 표시를 제대로 한다면 정당하게 인용하는 것이므로 표절시비를 걸어서는 안 된다. 단, 정당한 인용이 되려면 몇 가지 규칙이 있다. 우선 다른 책 내용의 일부를 인용했다면 그 부분이 자신의 내용과 구분되어야 한다. 즉 따옴표나 인용 표시를 해서 인용한 부분임을 독자가 알 수 있게 해야 한다. 인용 부분이 저자가 창작한 부분과 구분되지 않는다면 인용문을 저자의 저작물로 오인할 수도 있기 때문이다.

출처표시와 저작자 표시

출처표시는 반드시 해야 한다. 저작물의 이용 상황에 따라 합리적이라고 인정되는 방식으로 표시하면 된다. 잘 보이지 않게 작은 글씨로 쓰거나 다른 사람으로 오인하게 쓰면 안 된다. 출처표시와 저작권자 표시는 다소 다르다. 출처는 책 제목, 출판사, 신문사, 방송사 등으로 자료의 출처를 나타낸다. 저작자는 저작물을 창작한 사람이다. 저작자의 실명 또는 이명(필명)이 표시된 저작물인 경우에는 그 실명 또는 이명(필명)을 명시해야 한다.

「편집자작가를 위한 출판저작권 첫걸음」(이승훈, 북스페이스)

이용

주로 문학작품에 해당한다. 문학작품의 경우 창작성이 인정되어 더 크게 저작권이 인정된다. 즉 자신의 책에 시나 소설의 내용을 그대로 넣으려면 아래에 해당하는 사용료를 한국문예학술저작권협회에 내야 한다. 2013년 전에는 작가가 죽고 50년이 지나면 저작권이 소멸되어 구애받지 않고 사진이나, 글들을 쓸 수 있었지만, 2013년 7월 1일 자로 작가 사후 70년으로 저작권의 인정 기간이 늘어났다.[8] 저작권이 인정되는 문학작품의 경우 다음과 같이 사용료를 내야 한다.

구분	분량	2017 사용료
시, 시조, 향가, 기타 이에 해당하는 부류	1/2편 이상 ~ 1편	63,530원
	2연 이상 ~ 1/2편미만	50,820원
	1연	38,120원
수필, 설명, 논술, 기타 이에 애당하는 부류	전편 이용 시 (200자 원고지 31매 이내)	153,610원
	일부분 이용 시 (200자 원고지 1매당)	4,910원
	일부분 이용 시 (200자 원고지 5매 미만)	18,600원
소설, 희곡, 기타 이에 해당하는 부류	200자 원고지 1매당	4,910원
	200자 원고지 5매 미만	18,600원
	전편 이용 시 (200자 원고지 31매 이내)	153,610원
동화	일부분 이용 시 (200자 원고지 1매당)	4,910원
	일부분 이용 시 (200자 원고지 5매 미만)	18,600원
	※ 단, 전편의 분량이 200자 원고지 32매 이상일 경우 1매당 4,910원	

□ 발행 부수가 20,000부를 초과하는 경우에는 초과분에 대하여 저작권 사용료에 20,000부에 대한 초과분의 비율을 곱한 금액을 사용료로 하고, 3년간 발행부수가 20,000부 발행을 기준으로 사용료를 산출한다.

출처: 한국문예학술저작권협회(http://www.ekosa.org)

---

[8] 2013년 이전에 저작권이 만료된 작가들의 작품은 자유롭게 이용할 수 있다.

개인적으로 윤동주 작가를 좋아한다. 그의 시를 좋아한다. 그리고 그의 작품은 저작권이 만료되어 편하게 써도 된다는 점도 좋다. 아이들과 그의 시를 공유하고, 패러디 시를 쓰고, 이를 출판해도 문제가 없다.

공유를 위해 저작권을 기부한 작품이나 저작권이 소멸된 작가들의 작품들은 **공유마당**(https://gongu.copyright.or.kr)에서 볼 수 있다. 공유마당에 탑재된 작품들은 영리적인 목적이어도 마음껏 활용 가능하다.

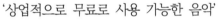

그밖에도
'상업적으로 무료로 사용 가능한 이미지'
'상업적으로 무료로 사용 가능한 음악'
'상업적으로 무료로 사용 가능한 동영상' 등으로
검색사이트에서 필요한 종류의 저작물을 검색하면 관련 사이트를 연결해준다.

내가 자주 가는, 그리고 출판 종사자들이 자주 가는 이미지 사이트로는 픽사베이(https://pixabay.com/)가 있다. 고화질 사진이 많을뿐더러 사이트에 'Creative Commons CC0(zero)'라는 표시가 있다. 'CC0' 표시가 쓰인 저작물은 출처 표시도 필요 없고, 마음대로 편집해서 활용해도 상관이 없다. 나는 가끔 시간이 날 때 '픽사베이'에 가서 좋은 이미지들을 미리 내려 받는다.

원래는 저작권 교육을 1차시에 마치려 했으나 하다 보니 2차시로 늘어났다. 저작권에 대한 교육은 끝이 없다. 사례마다 다 다르게 적용되는 부분도 있기 때문이다.

하지만, 저작권에 대해 알면 알수록 자유로워진다. 저작권에 대해 모르면 우리는 두 가지의 반응을 보이는데, 저작권에 대한 두려움으로 지나치게 활용을 못하든지 아니면 저작권을 완전히 무시하고 활용든지….

아이들은 저작권 교육을 하면 할수록 아리송해 했다. 기준이 명확지 않다는 것이 가장 큰 어려움이었을 것이다. 그래서 중간고사 전에 다시 정확히 내용을 정리해주고, 이를 영상으로 찍어서 유튜브를 통해 공부할 수 있게 했다.[9]

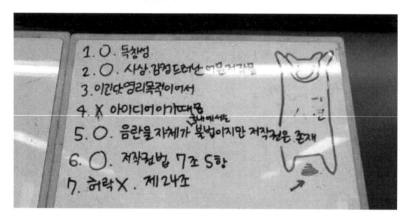

저작권법에 대한 내용은 학생들이 혼자서는 쉽게 이해하기 어려운 내용이라서 모둠별로 앞에서 제시했던 문제를 주고 해결할 수 있도록 했다.

---

9) 영상링크: http://gg.gg/5o5rp

*필리버스터: 국회에서 소수파 의원들이 다수파의 독주를 막거나 기타 필요에 따라 합법적인 방법과 수단을 동원해 의사진행을 고의로 방해하는 행위를 말한다. -한국경제용어사전

2016년에 가장 흥미로웠던 책 중 하나는 이김 출판사의 『필리버스터』이다. 테러방지법을 막기 위해 당시 야당 국회위원들이 벌인 '필리버스터'의 발언 속기록을 1300여 쪽의 책으로 낸 것이다.

이김출판사는 국회의 속기록이 마음에 들지 않아서 출판하고자 아이디어를 냈다고 한다. 30대의 젊은 부부인 이송찬, 김미선 대표가 만든 첫 책이기도 했다. 이와 관련된 저작권법은 제24조이다.

제24조(정치적 연설 등의 이용)

공개적으로 행한 정치적 연설 및 법정·국회 또는 지방의회에서 공개적으로 행한 진술은 어떠한 방법으로도 이용할 수 있다. 다만, 동일한 저작자의 연설이나 진술을 편집하여 이용하는 경우에는 그러하지 아니하다.

위의 저작권법에 따라서, 국회사무처 홈페이지10)에서 제공하는 국회 속기록은 공개적으로 행한 정치적 연설로 분류돼, 저작권 허가 없이 누구나 자유롭게 이용할 수 있다. 「필리버스터」는 필리버스터라는 역사적인 사건을 '소장'하고 싶다는 독자들의 생각을 잘 읽어낸 책이며, 저작권이 없는 글을 활용한 멋진 책이다.

이 책을 보며, 저작권에 대해서 알면 알수록 미래 사회에 대한 대비가 되지 않을까 싶었고 아이들에게 소개했다.

---

10) http://likms.assembly.go.kr/record/mhs-10-010.do

[저작권에 대해 공부할 때, 도움을 받을 수 있는 사이트와 책]

1. 한국저작권위원회: https://www.copyright.or.kr

저작권과 관련된 교육자료가 있다. 수업에 적용한 학습지를 만들기 위해서 이 사이트의 자료를 출력하여 탐독했다. 교사들을 위한 원격직무연수도 지속해서 열고 있다. 특히 저작권에 대해 궁금한 점이 있다면 상담 전화번호인 1800-5455로 전화하면 친절한 설명을 들을 수 있다.

2. 책 「편집자·작가를 위한 **출판 저작권 첫걸음**」(이승훈, 북스페이스)

1인 출판사 대표이신 저자는 출판에 대한 강의를 정기적으로 진행한다. 나도 직접 서울에 가서 강의를 듣기도 했다. 이 책은 출판과 관련된 저작권에 대한 내용을 구체적으로 다룬 책이다. 출판 관련 종사자들을 위해 실무적인 부분을 다루는 책이므로 출판과 관련된 저작권이 자세하게 잘 언급되어 있어 큰 도움을 받았다.

3. 저작권 강사 한광수 블로그:
http://blog.naver.com/luxuryhanpd

저작권과 관련된 최신의 뉴스를 다루어주기 때문에 유용하다. 흥미로운 실제 사례 등을 잘 안내해주신다.

4. 저작권 이야기: http://jintae.com/

이 또한 저작권에 대해 다루어주는 블로그인데, 저작권에 관해 세심하게 설명이 잘 되어 있어 마치 책을 읽는 듯한 느낌을 주는 블로그이다.

*배움일기 1

추석 후 첫 시간이당!! 오늘은 저작권법과 관련된 이론 수업을 하였다. 우리가 모르는 사이에 저작권법에 걸려들 가능성이 높다. 평소 궁금하긴 했지만 직접 찾아보진 않았던 저작권법은 알아 가면 알아갈수록 알쏭달쏭했다.

이과생의 주 과목인 수학과 과학은 답이 딱 떨어지고 '이게 아니면 아니다'라는 정확한 과목인데 반면 저작권은 너무 애매해서 생소했다.ㅠ 너무 어렵게 느껴지는 저작권이 시험 범위라니 더 열심히 공부해야겠다고 생각했다.

*배움일기 2

지난 시간에 이어서 저작권 수업은 계속 진행했다. 우선 저작물의 보호 요건 두 가지가 있었는데 ① 독창성을 지녀야 하고 ② 다른 사람이 느껴서 알 수 있을 정도로 외부에 나타내어야 한다고 한다. 그리고 창업 아이템과 같은 아이디어는 저작권법상 보호될 수 없다는 게 또 새로운 사실이었다. 아이디어(사상이나 감정)를 보호하는 것이 아니라 그 아이디어의 '표현'을 보호한다는 것도 알면 알수록 신기하기도 했고 한편으로는 복잡한 이중성을 보였다.

저작권 print 중 문제 10개를 모둠원들과 상의해보며 풀어봤다. 틀린 문제는 받아들이기 힘들었고 깊이 알수록 더 애매하고 기준이 명확지 않은 저작권.. 너무 어렵게 다가오는 것 같다ㅠ

[9차시: 책 기획하기]

이때부터는 자신이 가장 감명 깊게 읽은 책이나 이런 책을 쓰고 싶다고 생각한 책을 가져오게 했다. 책을 사도 되고 빌려와도 상관없다고 말했다. 아이들이 '나도 이런 책을 쓰고 싶다.'라는 생각을 하며 참고하는 책을 보통은 샘플 책 또는 샘플 북이라고 부른다. 「나만의 책쓰기(허병두, 문학과 지성사)」에서는 이러한 책을 '길잡이 책'이라고 부르는데 '길잡이 책'이 순우리말이고 더 듣기 좋은 것 같다.

이번 차시는 2가지로 이루어졌는데
1. 길잡이 책 기획안 써보기 2. 내가 쓸 책 기획안 써보기 였다.

1. 길잡이 책 기획안 써보기

일단은 길잡이 책을 분석해보는 시간. 기획안의 양식은 한국출판문화산업진흥원[11]에서 진행하는 사업인 우수출판콘텐츠 제작 지원 사업의 양식을 기본으로 변경하여 활용하였다.

그렇지만 길잡이 책을 가져오지 않은 학생들도 많았다. 특히 남자반이 그랬다. 그래서 가져온 친구를 중심으로 함께 분석해보도록 했다. '이 책을 만들었던 사람들은 과연 어떤 생각으로 이 책을 만들었을까?' 고민해보는 것이다.

---

11) www.kpipa.or.kr

길잡이 책(내가 가져온 책) 기획안 써보기

1. 도서 제목(가제)

부제가 있는 경우 '제목(부제)' 형식으로 기재하세요.

2. 저자명

공동저자도 모두 표기하세요.

3. 저자 소개

책에 있는 저자의 소개를 기재하세요.

4. 기획 의도

머리말(서문)에 있는 내용을 참고하고, 인터넷에 있는 책 소개를 보세요.

5. 대상 독자층

'일반계 고등학교에 다니는 책을 좋아하는 고2 여학생' 등과 같이 자세하게 기재합니다.

6. 기획의 특징 및 차별성

내용이 비슷한 책에 비해 어떤 면에서 차별성을 가지는지 구체적으로 적으세요.

7. 목차   큰 장(챕터)만 적으세요.

8. 내용   책의 내용을 소개해보세요.

9. 분량   몇 쪽?

2. 내가 쓸 책 기획안 써보기

길잡이 책의 기획안을 써보며, 책을 분석해보고 이제는 자신이 쓰고 싶은 책의 기획안을 작성해보았다. 기획안은 혼자 써도 되고, 혼자 쓰는 것이 힘든 아이들은 짝꿍과 함께 써도 된다고 하였다. 최대한 많은 아이디어를 내보는 것이 수업의 목표였다.

내가 쓸 책 기획안 작성 양식

. 나누어주는 b4 용지에 큰 글씨로 작성하여 멀리서도
  잘 알아볼 수 있도록 할 것.
. 기획안 작성은 자유롭게 하되 아래의 내용이 포함되도록 작성할 것.
. 아래의 내용이 모두 포함되지 않아도 됨.

기획의 목적은 단 한 가지!
- 단 한 명의 독자를 설정하고, 그 독자가 왜 이 책을 읽어야 하는가에 답할 수 있어야 함.

'예상 독자는 이런 문제가 있고, 그 문제를 해결하기 위해서는 이 책을 읽어야 한다.'고 답할 수 있으면 좋다.
'저자인 나는 언제 무엇 때문에 책을 사는가?'를 생각해 볼 것.

1. 도서 제목(가제)
부제가 있는 경우 '제목(부제)' 형식으로 기재하세요.

---

2. 저자명

자신의 이름을 적고 공동저자로 모집하는 인원을 적으세요.

공동저자의 인원, 즉 팀은 1~8명. 혼자 해도 됨.

3. 저자 소개

기획안과 관련된 역량을 중심으로 자신의 소개를 기입하세요,

공동저자의 요건도 역량 중심으로 기입해보세요.

4. 기획의도

5. 대상 독자층

. '일반계 고등학교를 다니는 책을 좋아하는 고2 여학생' 등과
같이 자세하게 기재하세요.

. 고등학생 수준에서 대상 독자층은 또래 고등학생이나 이보다
어린 사람들이 독자가 될 수 있을 것입니다.

. 단 한 명의 구체적인 독자를 설정하세요.

6. 기획의 특징 및 차별성

유사 도서를 검색하여 비교하고 어떤 면에서 차별성을 가지는지
구체적으로 적어보세요

7. 목차

8. 내용

기획의 개요를 더 자세하게 기재하세요.

9. 책의 형태

1) 종이책

2) e-pub2(전자책, 문자와 사진 삽입 가능)

3)e-pub3(전자책, 문자·사진·영상·음악 삽입 가능)

〈출판 서비스 제공 업체〉

종이책: 부크크, e-pub2: 유페이퍼, e-pub3: 위퍼블

10. 예상 원고분량

11월말까지 제출되는 초고(본문)의 분량은 사진을 포함하여 A4용지 기준으로는 최소 40쪽 이상, A5용지 기준으로는 최소 80쪽 이상을 목표로 함.

수업시간에 여러 명의 저자가 자기 분량의 원고를 쓰면 수업시간에 완성할 수 있을 것임.

※ 초고: 편집을 거치지 않은 처음의 원고

길잡이 책 기획안 중 가장 잘 쓴 내용 - 손지인 학생

제목 (부제)	그림 속에서 나를 만나다 (자화상으로 내 마음 치유하기)	지은이	김선현
출판사	웅진 지식하우스	출판연도 (~판~쇄)	2012.07.05. (초판 1쇄)

아래는 객관적인 사실과 자신의 주관적인 생각을 쓰되, 중요한 것은 나의 생각.^^

이 책을 고른 이유?

처음에는 진로와 관련된 미술 심리치료 책을 찾기 위해 미술 코너에 갔었다. 하지만 미술 쪽에서는 원하던 책을 찾을 수 없었고 다른 쪽을 지나치던 중에 심리학 코너에서 '미술'이라는 말을 발견하게 되었다. 그래서 마침내 그 분야에 관련된 책을 찾을 수 있었지만 이내 이 책과 다른 책, 두 권 사이에서 고민하게 되었다. 어느 것을 선택할지 몰라 목차를 보고 책의 앞부분을 살펴보는데 지금 고른 책과 다르게 그 책은 미술 쪽에서 본 여느 책들과 비슷하였다. 그러나 이 책은 미술 작품의 설명과 분석에 초점을 두고 단순히 작품의 감상에서 그치기보다는 그 안에 담긴 자기 자신과, 그 안에 비친 나의 내면을 끌어내었다. 또한 여러 감정들이 적극적으로 표출될 수 있도록 돕는 미술심리치료의 개념이 그림과 함께 설명되어 쉽게 드러나 있는 것 같았기에 이 책을 고르게 되었다.

책 제목과 부제는 무엇이며, 제목과 부제에 대한 나의 평가는?

제목은 "그림 속에서 나를 만나다"이고, 부제는 "자화상으로 내 마음 치유하기"이다. 단순히 이 책에 자화상만이 등장하는 것은 아니지만, 그림 속에서 자기 자신의 내면을 본다는 의미를 담고 있는 것 같아 부제가 마음에 들었다. 또한 타인의 그림 속에서, 또는 나의 그림 속에서 진정한 나 자신을 찾을 수 있다는 저자의 생각이 제목에 잘 담겨 있는 것 같다.

표지는 어떻게 구성되어 있고, 어떤 특징이 있으며 그것에 대한 나의 생각은?

표지에는 모딜리아니의 〈큰 모자를 쓴 잔 에뷔테른〉과, 빈센트 반 고흐의 〈파이프를 물고 귀에 붕대를 한 자화상〉이라는 작품을 보는 한 여인의 뒷모습이 담겨있다. 두 작품 다 대중적이고, 쉽게 접할 수 있는 작품이기에 처음 보는 사람들도 친근함을 가지고 다가올 수 있을 거라는 생각이 들었다. 또한 등을 돌리고 그림을 감상하는 여인의 모습에서 타인이 아닌 나 자신의 뒷모습을 보는 것 같았다.

저자 소개를 요약해서 적고, 저자 소개를 보고 내가 느낀 점도 적어보세요.

저자는 미술치료의 불모지였던 우리나라에서 병원 시스템 속으로 미술치료를 끌어들이고 자리를 잡게 한 일등 공신이자, 사람을 치료하기 위해 차가운 메스 대신 따뜻한 붓을 손에 쥔 의료계의 아티스트이다.

방향도 알 수 없고, 무엇이 놓여 있을지도 모르는 길을 걸어온 저자가 정말 대단하다고 생각했다. 하지만 미술 심리 치료라는 분야가 아직도 많이 개발되지 않은 분야임에는 틀림없다. 그렇기에 나도 이 책의 저자처럼 조금이나마 환자들의 치료를 개선할 미술치료에 대해 끊임없이 공부하고, 연구해야겠다고 생각하였다. 물론 미술치료가 전적으로 모든 치료를 대신할 수도 없고, 개발되지 않은 분야이기에 그 자료도 많이 부족할 것이다. 하지만 이 책의 저자가 그랬듯 길고 어려운 과정일지라도 꼭 정신과에 들어가 보다 더 전문적인 분야로 이 치료법을 새롭게 해석해 보고 싶다.

목차 구성은 어떻게 되어있나요? 이런 목차 어떻게 생각하세요?

목차는 크게 한 단원에 담긴 핵심 단어와 어구, 그리고 그 아래에 늘어선 여러 소제목으로 구성되어 있다. 또 각각의 소제목들 옆에는 화가의 이름이 쓰여 있다. 하지만 작품 중에는 제목에 그 의미를 담고 있는 작품도 많다. 때문에 그 내용을 읽기 전에 독자가 생각해 볼 수 있게끔 각 작품의 제목을 달아주는 것도 나쁘지는 않을 것 같다는 생각을 해 보았다. 그러나 그 단원의 핵심내용을 잘 드러내는 단어와 어구들이 있어서 전체적으로 보기 편하고 쉽게 정리해 놓은 것 같았다.

내용 구성과 편집은 어떤 특징이 있으며, 그러한 특징에 대한 나의 생각은?

사실 책 편집을 해 본 적이 없어서 눈에 띄는 특징을 발견할 수는 없었지만, 깔끔하고 읽기 편하게 편집해 놓은 느낌을 받았다. 또 중요한 어구를 그림과 함께 강조해 놓아서 책의 내용을 파악하는 데 도움을 많이 주는 것 같다. 내용은 전체적으로 그림과 그 그림을 기반으로 설명하는 글로 구성되어 있는데, 이 또한 소제목으로 나뉘어 있어서 보는 데 불편함이 없었다.

디자인의 가장 큰 특징은 뭐에요? 그리고 그 것에 대한 나의 생각은?

아마도 글과 함께 들어간 그림인 것 같다. 적절한 부분에 그림을 넣어서 글과 함께 이해하기 좋은 것 같다. 또한 앞서 말했듯, 표지에서 타인이 아닌 나 자신을 대입해 작품을 감상하는 모습을 찾을 수 있기에 재미있는 책이라고 생각했다.

---

*배움일기

    오늘은 책의 주제나 기획안 같을 것을 2-3명이나 혼자 생각하고 적는 시간이었다.

    우리 모둠은 지족 정상 회담으로 주제를 잡아서 하나의 주제로 여러 명의 의견을 듣는 그런 학생들의 생각을 널리 알린다는 것을 목적으로 하였다.

    정말 마음에 드는 주제였다. 서로 너무 부담스럽지 않게 A4용지 반씩만 하여 여러 가지 주제로 하는 것이 가장 적절하였다. 독자들과 목적(기획의도), 주제, 지은이에 대해서 생각해보는 뜻깊은 시간이 된 것 같다. 책을 만드는 과정은 어렵기도 하지만 즐겁다!

[10차시: 기획안 발표 및 팀 구성]

"내 기획안으로 책을 꼭 쓰고 싶은 학생들은 친구들에게 잘 홍보해서 팀을 모집하세요. 자신의 기획안이 마음에 들지 않을 때는 포기하고 다른 팀으로 들어가도 됩니다."

책쓰기는 팀 프로젝트다. 저번에 쓴 기획안을 가지고 자신의 기획안을 앉은 자리에서 돌아가며 1분 동안 발표하게 하였다. 기획안을 듣고 내가 들어갈 팀을 결정하는 시간인 것이다.

팀의 인원은 1~8명으로 했다. 어쩌다 혼자 쓰겠다는 용기가 있는 학생들은 혼자 쓰도록 했다. 여학생 반 같은 경우에는 팀이 잘 구성되었는데, 남학생 반 같은 경우에는 글쓰기를 어려워하는 학생들이 있었고 어떤 팀에 들어갈지 고민하는 경우들이 생겼다. '글쓰기를 어려워하는 학생이 팀에 들어왔을 때 원고를 잘 써서 내겠냐?'는 의구심이 그 학생 자신에게도, 동료 학생들에게도 있는 것이다. 그럴 경우 나머지 아이들이 그 학생의 분량까지 써야 하므로 부담을 느끼는 것이었다. 그래서 그런 경우가 발생하면, 그 학생의 분량은 제외하고 팀 점수를 주는 것으로 아이들에게 이야기했다. 예를 들면 40쪽 분량을 쓸 때, 1명당 써야 하는 분량은 5쪽이니까, 한 명의 학생이 참여하지 않는 경우 5쪽을 제외한 35쪽만 되어도 만점의 점수를 주는 것이다. 이런 식으로 채점을 하겠다고 했더니 그래도 아이들이 함께 해보자는 이야기들이 나와서 팀이 구성되었다. 그리고 그런 학생들은 자신이 맡을 역할과 분량의 부담이 적은, 인원수가 많은 모둠으로 가서 프로젝트를 진행했다. 그리고 팀장들이 그 아이들을 잘 받아주어서 팀이 구성되었다. 1학기 전자책 수행평가 때 잘 참여하지 않는 팀원들이 있어 어려움이 있었다는 사례들이 있었다고 아이들이 이야기 했다. 그런 일이 2학기에는 없도록 서로 노력하겠다는 분위기가 형성되어 아이들은 서로에게 최선을 다하겠다고 다짐을 하는 장면들도 보였다.

묵쌤이 전한 이야기

어떻게 분량을 채울 것인가?

여러분의 팀마다 써야 할 분량은 A4로 40쪽입니다. 그 분량을 쓰려면 이렇게 생각해야 합니다.

'나는 40쪽을 쓰는 것이 아니라 1쪽을 40번 쓴다'

책을 쓰기 위해서는 계획을 세워야 합니다. 주제를 정하고, 그 주제로 책을 어떻게 구성할 것인가 챕터로 나눕니다. 그리고 챕터에는 어떤 내용을 들어갈지 생각하고, 소제목을 정해서 또 내용을 나눕니다. 그 나눈 부분에서 또 내용을 나눌 수 있으면 또 나눕니다. 그 나눈 아주 작은 주제를 생각하며 글을 쓰는 것입니다. 즉 1개의 내용으로 된 40쪽의 한 권의 책이 아니라 1쪽 분량의 40가지 소주제의 글들을 모아 한 권의 책을 만드는 것입니다.

매일 조금씩

한 번에 많은 양의 글을 쓰기는 어렵습니다. 그렇기에 매일의 양을 정하고 조금씩 써 내려가야 합니다.

마감일

'글은 작가가 아니라 마감이 쓴다'는 말을 들었습니다. 마감이 없다면 글을 완성하기 어렵습니다. 그건 프로작가들도 마찬가지입니다. 적당한 긴장감이 있어야 글을 마무리할 수 있습니다. 모둠별로 마감 날짜를 정해놓고 시작하고, 모둠원들은 그 약속을 지키면 됩니다.

*배움일기

　오늘은 저번에 작성하였던 기획안을 발표하였다. 가위바위보
에 져서 내가 발표하게 되었다. 민희, 다정, 나예는 우리 조에
합류했다. 그러다 이야기를 나누다보니 주제가 바뀌었다.
　지족정상회담에서 버킷리스트 100가지로 바뀌었다. 그래서
각자 하고 싶은 것을 적었다. 평소 생각했던 것이 없어서 생각
해내는 것이 너무 힘들었다. 그러나 웃긴 꿈이 많아 당황스럽
다. 그리고 적다 보니 평소 하지 못하는 것이기 때문에 약간 범
죄를 저지르는 듯한 행동인 것 같았다. 아직 100가지를 정하지
는 못 했지만 재미있다!

　어서 빨리 책을 만들고 싶다.

[11차시: 기획안 수정하기, 목차 정하기]

이 수업부터는 학생들이 책쓰기를 기획하고 책을 쓰도록 하는 시간을 가지기 시작했다. 교사주도의 수업에서 더욱 학생주도의 수업으로 넘어가는 시기가 온 것이다.

계획은 언제나 수정할 수 있다고 알려주었다. 학생들이 모여서 함께 기획안을 수정하고 목차를 정하는 과정은 앞으로의 활동의 방향을 결정하는 방향키가 될 것이다. 아래와 같은 이야기를 아이들에게 안내하며, 활동을 시작하였다.

이번 주의 미션은 다음과 같습니다.

1. 챕터(장) 만들기

일단, 각 챕터(장, chapter)의 제목을 임시로 정합니다. 챕터의 제목을 정하기 어렵다면 간단히 키워드로만 적어도 됩니다. 그러고 나서 각 챕터에는 어떤 내용이 들어가는지 옆에 간단히 한 문장을 적습니다.

2. 챕터(장) 쪼개기

이제는 각 챕터에 들어갈 작은 주제(제목)들을 정해봅니다.
작은 주제 중 다시 내용을 쪼갤 수 있는 주제는 2~3개로 내용을 나누고 다시 주제(제목)를 정합니다. 목표는 챕터를 나눈 소주제와 소주제를 나눈 가장 작은 주제를 합쳐서 40개를 만들어 보는 것입니다. 40개 이상이 되어도 좋습니다. 소주제와 소주제를 나눈 것 옆에도 어떤 내용을 쓸 것인지 간단히 한 문장 정도를 적습니다. 목차를 쪼갤수록 책은 쓰기 쉬워집니다. 소주제가 40개라면 각 소주제에 맞춰 A4용지 1장의 글을 쓰면 초고는 완성입니다. 한 번에 40장을 쓰는 것이 아닙니다. 만약 지금부터 혼자 책을 쓴다면 매일 1쪽씩 글을 쓰면 11월 말에는 초고가 완성됩니다. 팀원이 여러 명이라면 쪼갠 목차에 따라 팀원들과 어떻게 글을 쓸 지 정하면 됩니다.

목차를 만들 때 가장 중요한 점은 하나의 메시지로 목차가 묶여야 한다는 것입니다. 즉, 책의 주제와 연관 있는 것들을 의미 있게 목차로 만들면 됩니다. 책의 주제가 관련이 없는 것은 과감하게 버리고, 주제와 관련된 것을 모아서 3~8개 정도의 챕터와 챕터를 나눈 40개의 소주제, 그리고 그 챕터와 소주제에 들어갈 내용을 키워드나 문장으로 정하면 책을 쓸 준비가 된 것입니다.

목차 예시 1. 「동물원 야간개장」 (임진묵 편저, 함께해)

이 책은 학생들이 먼저 동화를 쓰고 그 동화들을 어떻게 묶어서 책으로 만들까 고민한 책이다. 동화를 쓸 때 인물들이 대부분 동물이라는 점과 주제 등을 고려하여 제목을 붙이고 제목에 따른 목차를 구성했다.

목차 예시 2. 「교사, 삶에서 나를 만나다」 (김태현, 에듀니티)

이 책은 교사들이 고단한 일상과 삶에서 자신을 만나고 서로를 위로하기를 바라는 마음에서 쓴 책이다.

이러한 메시지와 목적에 맞는 목차를 먼저 구성하고 내용을 채웠을 것이라 추측된다.

프롤로그

1장 [본질]
수업의 본질과 만나기
수업은 땅끝이다
수업은 성장이다
수업은 고통이다
수업은 자존이다
수업은 여행이다

2장 [감정]
삶에서 내 감정과 만나기
감정과 만나다
완벽주의와 만나다
무기력과 만나다
외로움과 만나다

3장 [신념]
삶에서 내 신념과 만나기
주제의식을 찾다
기억에 말을 걸다
아픔과 만나다
기쁨과 만나다
사람과 만나다
신념을 세우다

4장 [창조]
삶에서 내 창조성과 만나기
창조는 용기다
창조는 시선이다
창조는 자연이다
창조는 예술이다
창조는 연결이다
창조는 고독이다

5장 [공동체]
삶에서 공동체와 만나기
교사에게 위로를 건네다
수업에서 서로 위로하다
공동체에서 서로 위로하다
삶에서 나의 길을 다시 묻다

에필로그
참고문헌
그림 목록

학생들이 활용할 전략으로는 '생선뼈 토의·토론'을 택해서 안내했다. 이 전략을 활용해도 되고, 아니면 자신들만의 방법으로 기록해도 된다고 말했다.

"생선가시로 목차 만들기"

1. 책 제목과 주제를 적고, 책의 챕터를 3~5개 선정하여 큰 가시에 적습니다.

2. 생선을 그립니다.

3. 모둠원들은 각자 챕터를 정해서 챕터와 관련된 것을 조사하거나 생각하여, 잔가시처럼 소제목과 들어갈 내용을 키워드나 문장으로 적습니다.

4. 활동이 끝나면 모둠원들이 모여서 최종 상의하여 목차를 완성합니다.

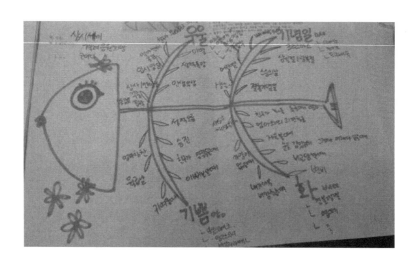

[12~21차시: 책쓰기]]

수업으로는 10시간, 날짜로는 40일간에 걸쳐 학생들에게 책을 쓸 수 있는 시간을 주었다. 수업시간에 아이들이 모여서 글을 쓰거나 개인별로 글을 쓰거나 상관없었다. 그렇다고 그냥 글을 쓰도록 시간을 허용해준 것이 아니라, 아래와 같은 내용들을 계속 안내했었다.

1. 베껴 쓰기(필사)[12]

다른 사람의 글을 다시 쓰는 것은 오래전부터 글을 쓰는 사람들의 훈련법이었다. 아래의 문구는 내 가슴에도 오래 기억에 남아 아이들에게도 소개했다.

"나는 그야말로 필사적으로 필사했다. 그런 필사의 시간이 없었다면 내게 백석은 그저 하고 많은 시인 중의 하나로 남았을 것이다. 그가 내게 왔을 때, 나는 그의 시를 필사하면서 그를 붙잡았다."

「가슴으로도 쓰고 손끝으로도 써라」(안도현, 한겨레 출판사)

필사(筆寫)는 작가와 만나는 가장 좋은 과정이다. 하지만 필사는 빨리 쓰는 것이 목적이 되어서는 안 된다. 천천히 시를 음미하듯 글을 느끼면서 써야 한다. 마음에 그 글을 새겨보며 작가의 생각을 읽어보는 것이다. 필사는 작가가 되어보는 활동이다.

---

12) 수업을 위해 참고한 책은 「최고의 글쓰기 연습법, 베껴 쓰기」(송숙희, 대림북스)

*배움일기 1

"야. 아저씨 왔다."

아이들은 환한 미소로 아저씨를 반깁니다. 보육원에는 그를 눈 빠지게 기다리는 아이들이 오십 명이나 있습니다. 쫄깃한 면발에 특별히 고기를 듬뿍 넣고 볶는 짜장면은 이곳의 아이들이 세상에서 가장 좋아하는 음식입니다. 볼이 미어져라 짜장면을 먹는 아이들을 바라보는 그의 눈에 눈물이 그렁그렁 맺힙니다.

어려서 부모를 잃고 고아원에서 자라 짜장면 한 그릇 맘대로 먹지 못한 채 어린 시절을 보냈다는 그 남자는 어른이 돼서 짜장면 집을 차린 것입니다. 벌써 몇 년째 주일마다 짜장면 행사를 거르지 않고 여는 것도 그 이유에서였던 것입니다.

-이미애, 『사랑의 짜장면』에서

자신의 좋아하는 글을 베껴 쓰면서 자신의 것으로 만든다.
어떻게 생각했는지에 대해 생각하며.

*배움일기 2

사막이 아름다운 건 어딘가에 우물이 숨어져 있기 때문이다. 하늘이 아름다운 건 어딘가에 반짝이는 별이 숨겨져 있기 때문이다. 당신이 아름다운 건 어딘가에 당신을 사랑하는 내가 숨어있기 때문이다.

-『어린왕자』

모둠수업을 하면서 책 제목, 기획 의도, 예상 독자, 목차 등을 정했다. 예상 독자가 고등학생인데 읽을까 고민된다. 책을 본격적으로 쓰지는 않았지만 정말 기대된다!!

2. 프리라이팅(자유롭게 쓰기)

'프리라이팅'은 '글씨나 맞춤법 등에 얽매이지 않고 생각나는 대로 쓰는 것'을 의미한다. 글 쓰는 것을 어려워하는 학생들을 위한 방법이다. 정확하게는 글의 시작을 쓰지 못하는 학생들을 위해 소개한 방법이다.

고등학교 3학년 때, 나는 수능이 끝난 뒤 학교에서 논술을 배운 적이 있다. 몇 차례의 강의를 듣고 논술주제를 받아 글을 써야 했다. 처음 주제를 받은 그날, 어떻게 쓰는지 몰라 너무 고민이 돼서 2시간 동안 첫 문장도 시작하지 못 했다. 잘 쓰고 싶은 마음에 스스로 주는 중압감 때문에 글을 시작도 못 하고 실패한 경험. 나의 그 경험을 이야기하며, 고민하지 말고 일단 주제에 대해 생각나는 대로 쓰라고 안내했다.

3. 학생들이 저자인 책 추천하기

학생이 쓴 책 중에서 내가 추천하는 책들을 가져와서 보여줬다. 소개한 책들은 출판사와 함께 작업한 책들이다. 즉, 이런 책은 학생들이 쓴 글이 그대로 책이 된다고 생각하면 오해다. 아무리 유명한 작가의 글이라도 편집자의 손을 거쳐 재탄생한다. 학생들의 글을 편집 없이 그대로 책으로 만들면, 독자가 보기 불편한 책이 될 수밖에 없다. 추천하는 책들은 학생들만 참여한 것이 아닌 교사와 편집자들의 수없는 고민 끝에 만들어진 책일 것이다.

[묵쌤이 추천하는 청소년이 쓴 책 추천도서 9권]

*출판사와 함께 만든 책 위주로 선정해보았습니다.

1. 「동물원 야간개장」 (임진묵, 함께해)

수업시간에 학생들이 쓴 동화와 시.

그리고 묵쌤의 코멘트가 따뜻하게 전해지는 예쁜 책.

2. 「(공고 학생들이 쓴 시) 내일도 담임은 울삘이다.」 (류연우 외 다수, 휴머니스트)

국어 수업시간에 쓴 학생들의 시를 모은 시집.

내용이 쉽고 진솔하게 드러난 마음이 학생들에게 그대로 전해진다.

3. 「우물 밖 여고생」 (슬구, 푸른 향기)

14만 9천명의 팔로워를 가지고 있는 인스타그램 스타이자

꿈 많은 여고생의 혼자 떠난 여행기가 사진과 글로 펼쳐진다.

4. 「(고딩들의 저자 인터뷰 도전기) 송승훈 선생의 꿈꾸는 국어수업」 (광동고 학생들 다수, 양철북)

책을 쓰는 주요 방법의 하나는 인터뷰다.

깊이 책을 읽고 쓴 서평과 직접 저자를 만나 인터뷰한 경험이 들어 있다.

5. 「소녀, 적정기술을 탐하다」 (조승연, 뜨인돌)

적정기술을 좋아하여 깊이 있게 연구하고 실천하는 한 여고생의 경험이 담겨 있다. 고등학생의 시점에서 적정기술에 대해 쉽게 설명하고, 다양한 형식으로 구성되어 있다. 저자가 참 멋지다.

6. 「(한국 동물원은 현대 동물원의 역할을 하고 있는가?) 고등학생의 국내 동물원 평가 보고서」(최혁준, 책공장더불어)

동물을 좋아하는 한 고등학생의 깊이 있는 시선과 경험이 들어 있는 책.
'동물원의 동물들은 행복할 것인가?' 에 대해 알 수 있는 책이다.

7. 「(융합 수업 모델을 만들어 통섭학문의 21세기를 연다) 창의융합교실, 허생전을 파하다」(한민고등학교 창의융합팀 학생 88인, 지상사)

학생들이 배우는 필수적인 고전소설인 '허생전'에서 할 수 있는
거의 모든 질문과 답을 학생들이 스스로 해내고 있다.

8. 「(십대가 묻고 경제학자가 답하다) 경제학은 배워서 어디에 쓰나요?」
(진선여고 경제경영 동아리 JUST, 뜨인돌)

10대들을 위한 경제학 책이다.
고등학생의 눈높이에서 경제학에 대해 질문하고, 궁금증을 해결한다.

9. 「(공자와 십대가 나누는 30가지 인성 이야기) 공자는 어떻게 내 마음을 알까?」(김미성 선생님과 제자들(구영중학교 책쓰기 동아리 '라마이' 구본혁 외 9명, 꿈결)

논어를 접한 중학생들이 자신의 경험을 논어와 연관 지어 이야기한다.
학생들의 활동과 선생님의 댓글이 들어 있다. 청소년 인성교육에 적합하다.

[12~21차시] 책쓰기 수업 성찰일기

3반, 5반은 고2 남자반. 9반, 10반은 고2 여자반이다.

10월 24일 - 5반 수업

"뭔가 제대로 글을 쓴다고 하니 뭔가 느낌이 이상하다. 가슴 설렌다."

재원이가 이 말을 했을 때, 나도 가슴이 설렜다.

아이들에게 글을 쓰라고 하니 자신들이 아는 것이 없다는 것을 발견한 듯했다. 아이들이 모여서 토론을 시작한다. 자료를 찾는 모둠도 있으며, 바로 글을 쓰기 시작한 학생들도 있다. 작가소개부터 쓰자고 하는 모둠이 있었는데 다음과 같이 조언했다.

"작가소개는 나중에 써야 해. 가장 먼저 써야 하는 건 책의 본문이야. 책의 제목, 챕터의 제목, 콘셉트 같은 것들은 나중에 바뀔 수도 있거든. 그런 부분이 결정되면, 거기에 맞춰서 작가소개와 에필로그, 머리말은 맨 마지막에 쓰는 거야."

완벽 모둠은 '완벽함'에 대해 쓰겠다며 이야기를 시작했다.

*이 모둠은 완벽함에 대해 글을 쓰다가 거의 마지막에는 주제를 바꾸었다. 완벽에 대해 깊이 있는 글을 쓰기에는, 정확하게는 분량을 채우기에는 자신들이 부족하다는 것을 알았기 때문이다. 나중에 완벽 모둠은 평창올림픽을 주제로 동계올림픽의 종목을 조사하여 책을 썼다.

내 수업의 스타일은 각자의 속도를 존중하는 것이다. 모든 모둠이 정해져 있는 같은 활동을 할 수도 있지만, 이 수업에서는 각 모둠이 어떻게 진행되는지 잘 살펴보고 도움을 주는 것이 나의 수업방식이다.

10월 25일 - 5반 수업

수행평가 및 기말고사에 대해 안내했다.

아직도 파트를 나누지 않은 모둠들도 보이고, 자료 조사가 아직 끝나지 않은 모둠도 있다. 영화 모둠은 이번 주까지 영화를 보고, 다음 주에 이야기하기로 약속하는 모습을 보였다.

책쓰기 수행평가에서 개인별로 분량을 8쪽으로 일괄 부여하는 것은 어떤 개인에게는 너무 어려운 과제인 것 같다. 따라서 개인차를 고려할 필요가 있다고 생각했다. 그래서 모둠별로 40쪽씩 쓰도록 안내했다. 책의 분량을 안내 하니, 영화모둠의 영욱이는 말했다.

"모둠장 재오야, 미안하다."

*즉 자신은 글을 쓸 실력이 안 돼서 쓰지 못 할 것이라는 이야기였다. 미리 모둠장에게 그 사실을 말한 것인데, 사실 영화모둠은 인원이 8명이기 때문에 각자 5쪽씩 쓰면 정해진 분량인 40쪽이 된다. 나중에 보니 재오의 리더십 때문인지 몰라도 영욱이도 영화를 보고 글을 잘 써왔고, 영화 모둠의 책은 잘 완성되었다.

1인 모둠도 있다. 우주에 대한 글을 쓰는 범성은 목차를 잘 작성한 것 같다. 경동이는 '멸망의 역사'에 대해 쓰려고 준비했는데, 그 내용은 공부할 것이 너무 많아, 전쟁에 의해 멸망한 국가들로 폭을 좁히려 하고 있다.

10월 27일 - 9반

버킷리스트를 쓰겠다는 모둠이 나에게 질문을 했다.

학생: 선생님, 2학기에는 시나 소설 같은 순수문학은 하지 말라고 하셨는데, 버킷리스트도 문학 아닌가요?

묵쌤: 내 생각에는 내용에서 사회, 지리, 과학 등의 지식이나 교양적인 내용을 포함해서 쓰면 될 것 같은데… 그렇게 되면 융합이 되는 거니까.

과학 동화를 쓰는 정민이네 모둠이 있다. 스트레스를 받지 않고 즐겁게 쓰는 모습이 좋다.

10월 31일 - 5반

글쓰기를 위한 책 읽기에 대해 설명했다. 본격적인 글쓰기 시간이나, 아직 글을 쓰는 아이들은 많지 않았다.

아이들은 자유롭게 핸드폰을 사용하여 검색하고 있다. 책에 들어갈 사진을 검색하던 아이가 질문했다.

학생: 다른 사람이 자신이 찍은 사진을 블로그에 올렸는데요. 이거 써도 돼요?

묵쌤: 댓글로 이렇게 써. '안녕하세요. 저희는 책쓰기를 하는 대전 지족고 학생들입니다. 책을 쓸 때 블로그에 있는 사진을 활용 하고 싶은데요. 써도 될까요? 수행평가로 진행되는 프로젝트이 긴 한데 나중에 실제로 출간되어 판매할 수도 있습니다.' 이런 식으로 댓글을 달아 허락을 받고, 허락해주면 그 내용을 캡처 해서 보관하면 될 것 같아.

수업시간에 아이들은 활발하게 토의를 한다. 제대로 되고 있는지는 모르겠지만, 일단은 시간을 준다는데 큰 의미를 둔다. 전체적으로 학생들이 잘 따라오는 느낌이다. 어쨌든, 자는 아이들은 거의 없다. 경동이는 신라와 당나라 싸움에서 당나라의 시각이 들어간 자료가 필요하나 책이 없다고 한다. 그래서 논문 사이트 알려주고 한번 찾 아보라고 했다.

11월 2일 - 5반

특정 모둠의 아이들이 책쓰기에 집중하지 못하고 딴 짓을 하기에, 왜 아무것도 하지 않는지 물어보았다. 자신들은 과학소설을 쓰는데 한 사람이 끝내기 전까지는 쓸 수 없다고 한다. 이 아이들에게는 일단 전체 줄거리를 같이 짜고, 그 줄거리를 바탕으로 같은 시간에 함께 쓰라고 말했다. 마감 시간을 맞추는 것도 중요한 사항이라고 말했다.

11월 3일 - 5반

한 학생이 질문했다.

학생: 만약 생각은 많은데 글을 못 쓰겠다면 어떻게 할까요?"

묵쌤: 그냥 시작해. 생각한 것을 그냥 써 봐. 문장이 아니더라도 괜찮아. 간단한 메모나 낙서부터 시작해 봐!"

11월 3일 - 9반

과학 동화를 쓰는 정민이네 모둠은 이미 내용은 거의 다 끝났고, 진짜 그림을 그리는데, 한 학생이 밑그림을 전부 그리고 있다. 원래 미술을 좋아하는 학생으로 그림을 잘 그린다. 이 모둠에서 약간 노동착취의 느낌이 난다.

*그림을 그렸던 학생이 졸업 후 담임 선생님을 뵙고, 자신이 자신의 그림 실력을 가장 드러냈던 순간이 미술 시간이 아니라 바로 책쓰기 시간이었음을 이야기했었다고 한다. 그래서 기억에 가장 남는다고…

어느 정도 목차와 생각을 정리하는 모둠도 있고, 노래를 들으면 감성을 채우는 모둠도 있다. 자유로운 분위기이다. 여기도 다들 핸드폰을 들고 자료 검색하고 글을 쓰고 있다.

학생의 질문

학생: 그림을 그려서 스캔할 건데 어떻게 하면 좋을까요?

묵쌤: 굵은 펜으로 그려야 해. 그래야 눈에 잘 들어오거든. 펜이 얇으면 후속 작업이 어려워. 그리고 그림을 크게 그려야 해. 작게 그리면 해상도가 낮아서 그림을 크게 하면 그림 깨지거든.

11월 4일 - 9반

각각의 모둠마다 개성이 보인다. 과제에 모두 집중하며 즐거워한다.

세정이네 모둠은 과학책을 쓰다가 갑자기 주제를 '대전 여행'으로 전환했다. 원래 자신들의 진로와 관련된 책을 쓰려고 했는데, 머리가 아프단다. 책을 쓰는 과정이 즐거운 과정이었으면 좋겠다고 생각하고 주제를 바꾸었다고 한다. 이 모둠에게는 '대전여지도'라는 책을 추천해주었다. 우리가 사는 일상 속 공간도 충분히 좋은 여행지가 될 수 있다는 조언과 함께…. 실제로 이 모둠은 가까운 장소로 나들이를 하러 갔고, 그 과정을 책으로 썼다. 나중에 물어보니 다들 즐거웠다고 말했다.

정윤이는 중 1때 친구와 함께 둘만의 인터넷 카페를 만들어 소설을 썼다고 했다. 그때 쓴 '격투특성화고등학교'를 가져왔고, 읽으면서 유치하다고 한참을 웃었다. 책을 쓰는 꿈은 꾸었다고 했다. 책쓰기 프로젝트는 학생들의 꿈을 다시 실현하는 수업이 아닐까 생각해보았다.

11월 7일 - 5반

자는 아이들도 있으나 이제는 아이들이 자료를 찾고 글을 쓰고
저번 주보다는 조용히 과제에 집중한다. 목차파트 나누기, 소재 찾
기 등이 거의 끝난 듯한 모습이다.

석민이는 집중해서 30분 정도 글을 쓰더니 1쪽을 채웠다.

석민: 저는 심심할 때마다 글 써요.

11월 8일 - 10반

세바시 강의를 볼 때는 자던 아이들이 책에 들어갈 글을 쓰라고 하
자 자던 아이들이 일어나서 글을 쓰기 시작했다. 활발하게 토의하
는 모습이 아름다웠다. 그리고 아이들의 핸드폰 타자 속도가 장난
이 아니라는 것을 느꼈다.

효원: 주말에 3시간 동안 쓰니 8장을 썼어요. 마음을 울리는 이야
기를 쓰려고 노력했고요. 제가 인간관계 파트를 맡았거든요.

11월 8일 - 3반

주환이네 모둠은 주인공인 주환이가 고양이를 거둬서 키우는 이야
기를 쓰고 있단다. 중간중간 고양이 키우기 팁이 나오는 신선한 책
이다. 내가 이야기하는 내용을 진지하게 적는 건호도 눈에 띈다.

내가 가져왔던 책 「우물밖 여고생」을 서점에서 샀다는 재우는 책을
열심히도 본다.

묵쌤: 어… 그 책 샀네?

재우: 솔직히 책 많이 안 사보잖아요. 이럴 때 아니면 언제 책을 사 보겠어요?

창준: 저 요즘 매일 15분씩 글 써요.

11월 14일 - 5반

한글문서 편집에 관해서 몇 가지 팁을 알려줬다. 그리고 맞춤법 검사를 할 때는 검색사이트에 '맞춤법 검사기'라고 검색하면 맨 처음에 나오는 사이트가 좋다고 알려줬다.

(http://speller.cs.pusan.ac.kr)

*활동에 다른 짓을 하는 아이들이 많이 생겼다. 좀 더 신경 써서 아이들을 지도해야겠다고 다짐하게 되었고, 모둠마다 상황을 중간 점검해야겠다고 생각했다.

*내 수업시간에는 아이들이 자유롭게 활동을 하다 보니, 아무래도 다양한 고민거리들이 생긴다. 그렇다고 무조건 통제하는 것보다는 아이들과 충분히 대화하고 문제들을 해결해나가려고 한다. 일부가 문제를 일으킨다고 해서, 그 문제를 해결하려고 전체를 통제하다 보면, 잘 성장하고 있던 아이들도 성장이 멈추는 일이 벌어지기도 하기 때문이다. 그래서 계속 아이들을 관찰하고, 이에 맞는 해결책을 마련하려고 노력하고 있다. 그 마음과 노력이 쉽지는 않다. 하지만 그것이 나에게 맞는 수업임을 깨닫고 있다. 내 수업시간에는 아

이들이 자유로웠으면 좋겠다. 물론, 나도.

[책쓰기 수업의 의미]

이 수업은 실패했다.

2학년 말이 돼서 끝난 이 수업 후에 기말고사 후부터 겨울방학 전까지 책 작업을 마무리해서 책을 내는 것이 목표였는데, 아쉽게도 그러질 못했다. 기말고사가 끝나면 여유가 있을 줄 알았는데, 다른 과목 선생님들께서 생활기록부에 뭔가 적어주기 위해 학생들에게 다양한 활동을 과제를 주셨다. 또, 나는 나대로 생활기록부 작성을 위한 시간을 가져야 했다. 그리곤, 겨울방학이 되었다. 겨울방학이 그냥 겨울방학이 아닌 고3을 맞이하는 겨울방학이다. 고3인 아이들, 누구에게도 쉽게 책을 편집하여 내자고 말할 수 없었다.

2학기 책쓰기 프로젝트 수업 후 다시 설문조사를 하였다. 학생들의 반응이 궁금했기 때문이다. 1학기와 달리 어떤 부분이 변했는지 알고 싶었다.

책쓰기 수행평가가 나의 성장에 도움이 되었나요?

		매우 그렇다	그렇다	보통이다	그렇지 않다	매우 그렇지 않다
1 학기 수업 후	응답	1	2	10	16	4
	비율	3.0 %	6.1 %	30.3%	48.5%	12.1%
2 학기 수업 후	응답	16	13	3	1	0
	비율	48.5%	39.4%	9.1%	3.0%	0.0%

*2학년 11반(여학생반)33명

위 표의 결과처럼 아이들은 수업시간에 한 책쓰기 프로젝트 활동에 대해 의미 있다고 생각하는 비율이 많이 늘어났다. 아이들의 구체적인 변화나 생각은 아래의 설문 결과를 통해 확인 할 수 있다.

* 모든 반을 설문 조사했는데, 학기 말에 조사를 하지 못하고 방학 보충시간을 활용해서 진행한 것이라 모든 학생이 참여하지 못했기에 전체 학생이 다 참여한 11반의 설문결과를 책에 실었다. 하지만, 다른 반의 설문조사에서도 크게 긍정적인 변화를 보였다.

1. 책 쓰기를 통해 생각이 변화되거나 내 능력(역량) 길러진 점이 있다면?

글 쓰는 능력, 글을 쓸 때 단어를 섣불리 쓰지 않게 되었다. 좀 더 예쁘고 좋은 단어를 쓰려고 노력했다, 쓰는 능력이 향상된 것 같다, 창의력, 책임감, 생각을 표현하는 능력, 없다, 글을 쓰는 능력이 길러짐, 책 쓰는 게 쉬운 줄만 알았는데 어렵고 따질 게 매우 많다, 글쓰기 실력이 올랐다, 자료수집을 더 빨리 할 수 있었다, 글 쓰는 능력(자연스럽게), 나와 먼일이라 생각만 했는데 나도 책을 쓸 수 있구나, 친구와 상의하면서 친구의 의견을 들어주는 능력이 생겼다, 스토리텔링 능력, …글쓰기, 창의력이 길러진 것 같다, 팔이 아프도록 노동력을 쏟아 부은 결과 48장의 그림을 완성하는 끈기력을 얻었다…

2. 책을 쓰며 재미있었던 점이 있다면?

새로운 지식을 얻음, 주인공을 만들고 주변 인물 또한 주인공과 이야기를 엮어 쓰는 것이 재미있었다, 새로운 것을 많이 알게 되고 친구들과 같이하는 게 재미있었다, 책을 쓰는 과정이 때론 힘들지만 그만큼 재미있었다, 다 같이 스토리 짜기, 내 생각을 마음껏 적을 수 있어서 재미있었다, 기행문이라 놀 때 재미있었다, 책이 기행문이기 때문에 직접 다닌 것이 재밌었다, 모둠 활동하면서 친구들과 얘기하는 활동, 여행을 다녀와서 기분이 좋았다, 딱딱한 수업이 아닌 자유롭게 이야기하면서 수업을 진행하는 것이 좋았다, 친구들과 더 많이 소통한 것, 글쓰기 재밌었어요, 무언가를 기획하고 써본 일, 만화형식으로 그리면서 재미있었다, 친구들과 함께 만드는 과정이 재미있었다.

3. 책을 쓰며 어떤 면에서 힘들었나요?

분량, 한 번 이야기를 시작하니 끝맺음이 어려웠다, 내 지식이 부족해 자료를 찾는 과정이 조금 어려웠다, 그림, 사진 첨부(저작권 때문에), 내용구성, 글 쓰는 게 힘들었다, 분량 채우기가 힘들었다, 7장을 쓰기에 어려웠다, 모든 장소를 가야 했던 것이 힘들었다, 분량을 다 채우느라 힘들었던 것 같다, 주제 잡기, 제출기한을 지켜야 하는 점, 분량을 채우는 일, 내용 구상이 힘들었다, 스토리 짜는 게 힘들었다, 생각보다 내용 쓰는 게 어려움, 내용이 잘 생각나지 않는다, 학업과 같이해서 조금 힘들었다, 48장의 그림을 그리는 노동이 너무 힘들다

4. 1학기와 2학기 책 쓰기 수업에서 변한 점이 있다면?

내 생각을 표현하는 능력이 생김, 1학기 때는 전자책으로 해서 편집 위주였지만 2학기 때에는 진짜 책의 원고를 쓰게 되어서 달라진 것 같다, 1학기 때 부족했던 점을 보완했음, 좀 더 내 생각이 많이 반영되었고 더 많은 부분을 맡았다, 더 어려워졌다(비문학이라), 2학기가 더 재미있었다, 없다, 글쓰기(책만들기) 조건이 까다로워짐, 2학기는 비문학을 해서 좀 더 자유로운 주제를 정할 수 있었던 것 같다, 비문학 도서를 해서 좀 더 전문적인 내용을 다룬 것

같다, 더 편하게 할 수 있었다, 문학이 좀 더 낫지 않나... 비문학 책쓰기 힘들어요yo!, 좀 더 체계적으로 하게 되었다, 1학기에는 동화책을 만들고 2학기에는 만화를 만들었다, 한결 수월함, 1학기 때는 우왕좌왕했다면 2학기 때는 그러지 않았다, 1학기 때보다 장수가 늘어서 매우 힘들었다, 전자책 편집을 안 해서 너무 좋았다.

책 쓰기 수업 소감

책 쓰기는 나에게 큰 도전이었다. 책쓰기 수업이 하루, 이틀 지날 때마다 책임감과 책의 완성도에 대한 욕심이 점점 높아져갔고, 때로 그 욕심 때문에 마음대로 잘 만들어지지 않는 책이 힘들었다. 하지만 성취감과 자존감은 더욱 높아져 갔고, 잊지 못할 경험이 되었다. 작가만이 아닌, 누구나 자기 생각을 글로, 책으로 표현할 수 있다는 깨달음을 얻었다.

-최희윤

정민이와 아이들의 독촉으로 그림&색칠을 열심히 했다.

손가락이 늙어가는 느낌을 받은 좋은 경험이었다.

-정민이네 조 그림 그린 애

　1학기에는 6명이 모여 동화책을 만들었고, 2학기에는 2명이 모여 만화를 만들었다. 책쓰기를 하면서 처음에는 친구들과 말이 잘 맞지 않았지만, 끝나고 보면 기억에 많이 남았다. 처음에는 힘들고 하기 싫었지만 다 끝나고 보니 아쉽고 뜻깊은 시간이었다.

-김희주

　파트를 나눠서 내가 맡은 부분의 글을 썼다. 그리고 글을 쓰는데 필요한 내용들은 교과서와 인터넷을 참고하거나 공부해서 글을 쓰는 데 많은 도움이 되었다. 글마다 필요한 이미지는 직접 그렸다. 글에서 나오는 상황에 그림과 같이 보면 이해하거나 더 흥미롭게 볼 수 있을 것 같아 그림도 그려 내용을 채웠다. 이전에는 한 번도 해보지 못했고 하지 못했던 활동을 하게 되어 재미있었고 새로웠다. 새로운 경험을 해 좋았다.

-이지혜

지금까지 책을 두 번 써봤는데 처음에는 직접 내가 이야기를 창조해내는 일, 다음은 과학적인 지식에 대해 독자층을 예상하여 책을 썼다. 처음에는 직접 이야기를 짜보면서 어려움이 많았지만, 책을 만드는 과정에서 내가 작가로서 발전한 것 같고 새로운 분야에 도전하게 되어 좋은 경험이 되었다고 생각한다. 그리고 글을 창작하는 것은 힘들지만, 고생 끝에 완성한 글을 보며 작가들의 마음이 공감되었다.

-김지연

도마뱀에 관련된 내용을 책을 찾아보면서 문서를 작성하고 편집함. 책을 쓰는 활동을 통해 정보를 찾는 능력을 기를 수 있었다.

-김정희

책을 쓸 수 있다는 자신감을 가질 수 있게 되어 좋았습니다.

-민동훈

V. 2017년 1학기, '길'을 주제로 책쓰기 프로젝트 수업

'길' - 주제 중심 책쓰기 프로젝트

2017년 1학기, 다시 책쓰기 프로젝트를 수행평가로 하기로 마음
먹었다. 2017년에는 1학년을 지도하게 되었는데, 1학년 국어는 나
를 포함하여 총 세 명의 선생님이 고등학교 1학년 11개 반을 지도
하게 되었다. 작년이나 재작년에는 내가 모든 반의 수업에 들어가
서 내가 맡은 부분을 수업했기 때문에, 다른 국어 선생님들과 크게
상의를 하지 않아도 프로젝트를 진행할 수 있었다. 하지만 2017년
에는 내가 맡은 반은 11반 중 8개 반이었기 때문에, 다른 선생님들
께 책쓰기 수행평가를 안내하고, 다시 책쓰기 프로젝트를 하고 싶
다고 제안하였다.

1학년 부장님이신 김종술 선생님께서는 원래부터 협동작문교육
과정을 수행평가로 진행하려고 생각 중이었다고 하셨고, 다른 한
분인 이옥경 선생님께서는 그렇다면 협동작문과 책쓰기는 어떤 점
이 다른 것인지 물어보셨다.

이에 대해 토의를 하면서 협동작품은 서로 협력하여 글을 쓰는
데서 끝나지만, 책쓰기는 한 권의 책을 새로 만드는 과정이기에 더
많은 협력적인 과정들이 필요하다는 것을 깨닫게 되었다. 책을 기
획하고, 책을 디자인하고, 이를 교정·교열을 하고, 더욱이 책의 형식
에 맞게 내용을 구성하고 편집해야 하는 과정은 협동작문의 단계를
넘어서야 가능한 것이라는 생각이 들었다. *개인적으로 글쓰기의 마
지막 단계는 책쓰기라고 생각한다.

오랜 시간 토의 끝에, 책쓰기 프로젝트를 수행평가로 진행하기로 하였다. 대신 지난 학기보다는 학생들이 쓰는 글의 양을 대폭 축소 하였다. 개인별로는 1000자 이상의 글을 쓰는 것으로 축소하고, 모둠의 구성은 무조건 5~6명으로 하는 것으로 통일하였다. 책을 쓰려 면 인원이 어느 정도 있어야 진행할 수 있다. 그렇다고 한 모둠에 너무 많은 인원이 참여하면 무임승차자가 발생하므로, 한 모둠당 적정인원은 5~6명이라는 결론을 냈다. 한 모둠 당 인원을 너무 적 게 편성해서 한 학급에서 너무 많은 모둠이 나올 경우 평가에 어려 움이 있다는 의견이 나오기도 했다.

또한 책쓰기를 자유주제로 하는 것이 아니라 '길'과 관련된 주제 로 학생들이 글을 쓰게 했다. 하나의 주제를 중심으로 융합형 학년 교육과정을 실시하라는 교육청의 지침이 내려온 것도 중요한 이유 였다. 그래서 국어과에서 '길'이라는 주제로 책쓰기 수행평가를 하 는 것을 정한 뒤, 지족고의 1학년은 '길'이라는 주제로 다양한 교과 의 교육과정을 통해 주제 중심의 융합 수업을 실시하게 되었다.

'길'이라는 같은 주제로 모둠책을 만들면, 한 반의 모둠책을 모두 엮어 한 권의 책을 만들 수 있겠다고 생각했다.

*하지만 한 학기가 끝나고 보니, 반마다 한 권의 책이 되기에는 너무 다양한 장르와 내용으로 모둠책들이 제작되었고 저작권에 대 한 부분을 강조하지 않았기에 학생들의 글이 한 권의 책이 되기에 는 많은 편집이 필요했다. 단순히 글을 모아서 책으로 만들면 '문 집'이라고 부르는 편이 나았다. 한 권의 책을 만들기 위해서는 '한 가지 주제'로 책을 기획하고 글 전체를 통일시켜야 하며, '한 종류

의 문체'로 교정을 보아야 하고 저작권 문제를 신경 써야 하기 때문이다.

또한 학생들이 쓴 글 중에 스릴러 소설이나 잔혹 동화가 있었는데, 과연 '교육적으로 이 책이 써진 것이 옳은 일인가?'에 대해 고민했다. 이 부분은 내가 판단하지 않고 학기 말에 참여하고 싶은 아이들을 모집하여 찬반 토론을 진행했다. 어떤 결론을 내려고 이런 토론을 한 것이 아니라 아이들도 한 번 이런 문제를 생각해보자는 의미였다.

책쓰기 수업은 중간고사 후에 진행했는데, 중간고사 후에 다음과 같은 순서로 7차시 정도의 수업을 진행하였다.

차시	주제	주요활동
1	개인별 글쓰기	책쓰기 모둠 구성, 기획서 작성
2		글쓰기 수업(교과서), 개인 글쓰기
3		책쓰기 기획 수정, 개인별 글쓰기
4		모둠 내 개인 글 고쳐 쓰기
개인별 수행평가 제출(5월 중순)		
5	모둠책 만들기	편집 및 디자인 관련 수업
6		모둠 책 편집 수업 1
7		모둠 책 편집 수업 2
모둠책 수행평가 제출(6월 초순)		

책의 기획단계에서는 모둠별로 한 권의 책을 만들기 위해서 함께 모둠책의 구성과 목차에 대해 기획했다. 이후, 책의 내용을 쓸 때는 모둠원들이 각자 1개씩 챕터를 맡아 글을 썼다. 그 글은 1차로 개인별 수행평가에 반영하고, 이후에 모둠별로 각자의 역할을 맡아 책을 만든 뒤 그 책을 2차로 모둠별 수행평가에 반영했다.

[1차시: 책쓰기 모둠 구성, 기획안 작성]

학생들에게 책쓰기 수행평가를 진행하게 되었고, 수업시간에 이를 진행하게 되었다고 이야기했다. 수행평가에 대한 내용을 간단히 언급한 다음, 포스트잇을 한 장씩 나누어주었다. 포스트잇에는 '길'과 관련하여 어떤 책을 쓰고 싶은지 개인별로 적게 하였다.

'포스트잇'에는 다음의 사항을 적게 했다.
① 예상 독자
② 장르
③ 책의 주제와 내용
④ 그 밖의 특징

① 책을 좋아하는 청소년
② 로맨스 ~~스릴러~~ 판타지
⑦ 사랑이야기
④ 8일

다른사람한테 힘이 되어
줄 수 있는 책.

예상독자: 고등학생들.

로맨스 & 스릴러 & 판타지
{ 줄거리 가 항체[?]

①예상독자: 학생
② 장르: 소설(성장소설)
③ 주제와내용: 앞날[?]
④ 희망을 주는 책. 위로가 되는 책
을 쓰고 싶다.

① 고등학생
② 진로고민
③ 고민하지 말렴 모두가 힘들단다
④ 힘을 내자 섬

① 예상독자: 또래의 청소년
② 장르: 수필 / 문학.
③ 주제와 내용: 여태껏 내가 살아
온 길과 앞으로 나아가고 싶은
길에 대한 내용
④ 특징: 나의 가치관과 미래에
대한 생각이 담겨있다

내가 원하는 꿈을 정하기까지 10여년
어떠한 꿈의 갈등이 있었는지
왜 그꿈들이 변하게 되었는지.

예상독자: 꿈을 찾고있는 10대 혹은
꿈이 여러번바뀐 10대
동화 (내이야기를 다른캐릭터에 넣어서)

포스트잇을 칠판에 붙이게 한 다음 그 포스트잇을 장르별로 분류하여 학생들과 공유하였다. 학생들이 쓴 장르에는 수필, 소설(멜로, 스릴러, SF 등 다양함), 동화 등이 있었고, 포스트잇을 떼서 장르별로 묶어서 학급의 학생들이 어떤 책을 쓰고 싶어 하는지 공유하는 시간을 가졌다.

이후 비슷한 주제를 쓰기 원하는 학생들이 모여서 5~6명의 모둠을 구성하게 하였다.

모둠 구성을 할 때 어려운 점들이 있었다. 어느 모둠에도 끼지 못하는 아이들도 있는 반면, 7~8명의 아이들이 모둠을 이루려고도 하는 모습을 보였다. 그럴 때는 학급에서 포용력이 있는 친구들에게 부탁하여 잘 끼지 못하는 아이들을 끼워주게 하였고, 지나치게 많이 모인 모둠에는 모둠원을 더 모아서 2개 모둠으로 구성하도록 지도했다. 교사의 보이지 않는(?) 개입이 필요한 순간이었다.

모둠 구성이 다 된 모둠은 책의 기획서 및 모둠 역할을 정하는 학습지를 나누어주고 책을 기획하고 모둠별로 역할을 정하게 하였다. 모둠별 역할을 설명할 때 가장 어려운 역할은 팀장과 편집장이므로 성실하게 임할 사람이 했으면 좋겠다는 말과 함께 가장 어려운 일이므로 배우는 것도 많은 것이라는 점을 이야기했다.

멘토를 정하기도 했다. 책을 쓸 때 멘토를 정한 이유는 연구실천 프로젝트X 대면심사 때 조창완 선생님께서 책을 쓸 때, 멘토의 역할을 할 교사들이나 어른들이 있으면 좋겠다는 의견이 기억에 남았기 때문이다.

멘토가 필요하다는 의견은 매우 좋았지만, 현실적으로 내가 개인적으로 다른 선생님들께 이러한 부분까지 부탁드리기는 쉽지 않았다. 또한 학생들도 멘토가 될 만한 어른을 찾기가 어려운 부분이 있어서 멘토의 범위는 다양하게 설정하도록 하였다. 그래서 '멘토'는 자신들이 만든 책을 보아줄 사람이라는 의미로 해석하도록 했다. 주변의 어른들도 될 수 있고, 예상 독자가 청소년이라고 하면, 친구나 동생까지도 멘토가 될 수 있다고 설명했다.

이번 책 쓰기 수업은 학생들이나 지도하는 선생님이 지치지 않는 수업을 하려고 노력했다.

'길'을 주제로 한 책 쓰기 프로젝트 기획서와 모둠 역할표

기획의 목적은 단 한 가지!
- 단 한 명의 독자를 설정하고, 그 독자가 왜 이 책을 읽어야 하는가에 답할 수 있어야 함.
- '예상 독자는 이런 문제가 있고, 그 문제를 해결하기 위해서는 이 책을 읽어야 한다.'고 답할 수 있으면 좋다.
- '저자인 나는 언제 무엇 때문에 책을 사는가?'를 생각해 볼 것.

1. **도서 제목(가제)** : 부제가 있는 경우 '제목(부제)' 형식으로 기재하세요.

2. **저자명** : 팀원들의 이름을 적으세요.

3. **기획의도** :

4. **대상 독자층** : '일반계 고등학교를 다니는 고2 여학생' 등과 같이 자세하게 기재하세요.
- 고등학생 수준에서 대상 독자층은 또래 고등학생이나 이보다 어린 사람들이 독자가 될 수 있을 것임.
- 단 한 명의 구체적인 독자를 설정할 것.

5. 기획의 특징 및 차별성 :

유사 도서를 검색하여 비교하고 어떤 면에서 차별성을 가지는지 구체적으로 적어보세요

6. 목차 :

7. 내용 : 기획의 개요를 좀 더 자세하게 기재하세요.

( ) 모둠 역할표		
역할명	하는 일	담당자(학번/이름)
팀장(기획 총괄) 1명	.전체적인 부분 조율 .팀을 위해 섬기는 역할	
편집장 1~2명	.원고를 최종적으로 편집하는 역할 .정해진 양식으로 책을 완성	
디자이너 1~2명	.책에 필요한 삽화를 담당 .그림을 직접 그리거나, 저작권 없는 그림을 찾아 제공	
멘토와의 연결 1~2명	.멘토를 구하고 멘토로부터 조언을 얻음 .멘토와의 교류에 대한 학습지 작성	
멘토	이름: 직업: 관계:	

다음 시간까지 기획서 및 역할 분담표 작성하여 올 것!!!

책 만들기 프로젝트 1. 기획하기

1학년 (9)반 ( )번
우리 모둠의 이름은 다섯 아이들

기획의 목적은 단 한 가지!
- 단 한명의 독자를 설정하고, 그 독자가 왜 이 책을 읽어야하는가에 답할 수 있어야 함.
- '예상독자는 이런 문제가 있고, 그 문제를 해결하기 위해서는 이 책을 읽어야 한다.'고 답할 수 있으면 좋다.
- '저자인 나는 언제 무엇 때문에 책을 사는가?'를 생각해 볼 것.

1. 도서 제목(가제) : 부제가 있는 경우 '제목(부제)' 형식으로 기입하세요.

14시간 (함께 걷는 길)

2. 저자명 : 팀원들의 이름을 적으세요.

고세하 도인원 김희주 양도현 문예은

3. 기획의도 : 고등학교 생활이 궁금한 예비 고1 들에게
어떤 일들이 있는지 알려주기 위함.

4. 대상 독자층 : '일반계 고등학교를 다니는 여학생' 등과 같이 자세하게 기입하세요.
- 고등학생 수준에서 대상 독자층은 또래 고등학생이나 이보다 어린 사람들이 독자가 될 수 있을 것임.
- 단 한 명의 구체적인 독자를 설정할 것.

예비 고등학교 1학년과 고등학생.

5. 기획의 특징 및 차별성 :
유사 도서를 검색하여 비교하고 어떤 면에서 차별성을 가지는지 구체적으로 적어보세요.

학교 생활록 있는 그대로 표현함

6. 목차 :   /. 고등학교의 로망 & 애정 애은
2. 공부   희주
3. 사랑 도현
4. 우정 세하
5 학교 행사 인원

7. 내용 : 기획의 개요를 좀 더 자세하게 기입하세요.
/. 고등학교에 입학하기 전 궁금했던 로망, 애정에서 일어나는 일 등
2. 중학교과 어떤 식으로 다른지. 수행평가, 모의고사, 시험 등
3. 현실적인 사랑 이야기 등
4. 친구와의 갈등 등
5. 체육대회. 야영 등

- 1 -

[2차시: 글쓰기 수업]

학생들은 그동안 학교에 다니며 수많은 시간동안 글을 쓰는 과정을 익히고 글을 쓰는 연습을 했다. 그 과정을 짚어주며 책 쓰기에 작문의 과정이 실제로 어떻게 적용되는지 확인하는 시간을 가졌다. 2009 국어교육과정에서는 다음과 같이 고등학교에서의 작문에 대한 성취기준을 가지고 있다. 따라서 모든 교과서에는 이러한 성취기준에 따른 이론을 다루고 있는데, 이러한 이론적인 부분도 다루어줌으로써 교과서의 내용이 실제로 어떻게 책 쓰기 프로젝트에 적용될 수 있는지 함께 생각하며 적용하는 수업을 진행했다.

. 독자와 효과적으로 소통하기 위한 작문의 관습에 대해 알 수 있다.
. 다양한 매체에서 수집한 정보를 작문 상황(글의 종류, 독자, 매체)에 맞게 조직할 수 있다.
. 다양한 매체에서 수집한 정보를 통일성 있게 조직하여 글을 쓸 수 있다.
. 다양한 매체에서 수집한 정보를 응집성 있게 조직하여 글을 쓸 수 있다.

[고등학교 작문 성취기준(2009)]

1 **계획 세우기** 글의 목적, 주제, 예상 독자 고려
2 **내용 생성하기** 작문상황에 맞는 내용 수집, 생성
3 **내용 조직하기** 통일성과 응집성 있게 내용 조직
4 **표현하기** 글로 표현하기
5 **고쳐쓰기** 작문상황을 고려하여 글을 고치는 과정

[작문의 과정]

교과서에서는 작문의 과정은 각 단계의 이전 단계로 돌아갈 수 있는, 회귀적(回歸的)인 과정이라고 설명하고 있다. 책 쓰기도 마찬가지로 책 쓰기의 기획, 초고 작성, 교정교열 및 편집, 디자인의 과정을 통해 진행되는데, 책쓰기 과정도 다시 이전 단계로 돌아가서 작업할 수 있음을 안내했다.

교과서 2쪽 분량의 내용을 읽고 설명한 후, 남는 시간은 학생들이 자유롭게 모둠원들과 책 쓰기 프로젝트에 대한 이야기를 할 수 있도록 했고, 각 모둠의 '책 기획서와 역할표'를 보고 조언을 해주는 시간을 가졌다.

[3차시: 책 쓰기 기획의 수정, 개인별 글쓰기]

3차시 수업에서는 모둠별로 기획안을 다시 수정하게끔 지도하고, 순회하면서 학생들의 질문을 받거나, 기획안에 대한 의견을 제시하였다.

사실 이 과정이 학생들이 가장 즐거워하는 시간이다. 글을 쓰는 순간부터는 자기의 생각을 글로 풀어내는 것이 쉽지 않은 일이라는 사실을 알게 되고 창작의 고통도 느낀다. 하지만 이때는 모둠원들이 서로 완성될 책을 상상하는 시간이다. 어떤 책이 나올지 상상하고 이야기하는 이 시간의 아이들 표정을 보며 나는 행복감을 느낀다. 자유롭게 모둠 활동을 하는 것을 존중하는 나로서는 이 시간도 시간을 재가면서 수업을 진행하지 않았다. 모둠별로 어느 정도 기획이 끝났으면 개인별로 글쓰기를 시작하도록 했다.

모둠 활동이 빨리 끝나서 바로 개인별로 글을 쓰기 시작하는 모둠이 있는 반면, 모둠 활동 시간이 끝날 무렵이 다 돼서야 기획서를 최종적으로 완성하는 모둠도 있다. 그런데 사실, 학생들에게 모둠 시간을 주고 기다리는 것이 교사로서는 참기 어려운 부분이기도 하다. 모둠 시간에 과제에 집중하지 못하는 모둠이 있기 마련이기 때문이다. 실제로 과제에 집중하지 못하는 경우들도 있지만, 내가 아이들을 오해한 경우도 많았다.

　　"너희는 왜 과제를 하지 않고 있니?"라고 물어보면,

　　"저희는 이러이러한 것을 하고 있어요."라고 대답하는 경우가 많았다.

　　학생들이 뭔가 대답한다는 것은 무엇인가를 하고 있는 것이다. 놀고 있는 것으로 보이지만 학생들은 무엇인가 배우고 있고, 노력하고 있다. 이러한 수업의 장면까지도 정확히 보고 아이들을 코칭해주고 싶다는 생각이 들었다.

　　아이들이 써야 하는 글의 분량은 1000자다. 공백을 포함한 1000자는 10~11포인트로 썼을 때 A4용지 한 장이 조금 안 되는 분량이다. 개인별로 써야 할 분량이 1000자라고 했을 때, 학생들도 크게 부담을 느끼지 못했다. 아이들 중에서 일부는 중학교 때 독후감 숙제도 보통은 1500자였다면서 1000자 분량의 글을 쓰는 건 어렵지 않겠다는 말을 나에게 전했다.

　　3차시 수업이 끝나고 나서, 이후의 과제는 학생들이 초고를 써오는 것이었다. 학생들이 글을 써오지 않으면 4차시 수업은 할 수 없기 때문이다.

[4차시: 글 고쳐쓰기]

4차시에서는 학생들이 써온 글을 고쳐 쓰는 시간을 가졌다.

고쳐쓰기를 할 때 학생들에게 고쳐쓰기를 하는 목적에 대해 간단히 언급해주었다. 비판을 위한 비판이 아닌 서로의 성장을 위한 목적으로 글을 돌려보고 고쳐쓰는 것이라는 점을 강조했다. 따뜻한 비판을 해주어야한다고 말했다. 그리고 서로 말을 할 때 배려하는 말하기를 하도록 안내했다.

① 내용: 내용에 자기 생각이 잘 드러나는가?

② 형식: 글의 완결성을 갖추었는가?

③ 분량: 1000자 이상이라는 기준을 충족하였는가?

④ 맞춤법: 맞춤법을 잘 지켰는가?

⑤ 저작권: 저작권에 위배되는 내용은 없는가?

각자 써온 글을 고쳐주는 기준은 곧 수행평가의 기준이었다.

(과정중심수행평가에서는 성취기준에 맞는 평가 기준을 설정하는 것을 중요시하는데, 이 부분에서는 좀 더 연구가 필요하다고 생각했다.)

내용 면에서는 시나 소설을 썼을 경우, 내용을 새롭게 창작했기에 내용에 자기 생각이 잘 드러났다고 볼 수 있다. 하지만 다른 글을 인용하거나 이용하여 글을 썼을 때는 자기 생각을 쓴 부분이 양적으로나 질적으로 더 많아야 한다고 전달했다.

형식 면에서는, 문단을 나누었는지는 확인했다. 학생들의 글을 보면 문단을 구분하지 않고 하나의 문단으로 글을 써오는 경우가 있는데, 글을 읽는 독자의 입자에서는 보기가 불편하다. 우리가 보는 모든 글은 문단이 구분되어 있는데, 학생들이 실제로 글을 쓰지 않으면 그 사실을 잘 알지 못했다. 글을 제대로 보려면 글을 써보아야 한다.

내용에 대해서 의견을 쓸 때는 파란색이나 다른 색의 펜으로 쓰도록 하고, 맞춤법을 고칠 때는 빨간색 펜으로 틀린 부분을 고칠 수 있도록 했다. 특히 헷갈리는 문법은 검색을 통해 정확히 찾아보도록 안내했다.

저작권에 대해서는 '다른 사람의 글을 함부로 가져와서는 안 된다'는 대원칙을 안내하고 모둠에서 저작권에 대한 부분을 점검하도록 했다.

1. 같은 모둠 고쳐쓰기

일단은 모둠 내에서 서로의 글을 읽어보고 고쳐쓰기를 하도록 했다. 모둠책을 구성한다는 것을 전제로 고쳐쓰기를 하니 학생들은 수행평가의 점수를 염두에 두면서 고쳐쓰기를 하는 것이 아니었다. 실제 책을 인쇄했을 때 책의 완성된 모습을 상상하며 고쳐쓰기에 심혈을 기울였다. 학생들이 주로 고민하는 것은 원래 생각한 것이 실제로 표현을 해보니 잘 드러나지 않는 점이었다. 글을 써보는 사람만 아는 고민이었다. 학생들의 질문에 충분히 답변하지 못 해줬지만 학생들은 또래 학습자들과 함께 서로의 어려움에 대해 이야기하며 어려움을 잘 극복해나갔다.

2. 다른 모둠 글 고쳐쓰기

모둠 내 고쳐쓰기를 다 한 모둠은 다른 모둠의 글도 보도록 했다. 글은 공유할수록 좋다. 이때도 글을 보고 댓글을 달되, 비판하기보다는 따뜻한 마음으로 댓글을 달 수 있도록 지도했다.

[개인별 수행평가 채점]

4차시 수업을 마치고 학생들은 개인별로 쓴 글을 제출했다. 11개 반의 글을 선생님 3명이 나누어 채점했다. 3명의 채점 기준이 다를 수밖에 없었다. 글을 보고 채점의 기준을 다시 설정하고 글을 보는 과정을 반복했다. 이러한 과정을 거쳤더니 결국 학생들의 수행평가는 글의 분량을 기준으로 점수가 나뉘었다. 즉 1000자 이상의 글을 쓴 아이들은 거의 모두 만점인 10점을 받게 되었다. 책의 장르나 구성이 모두 달라서 학생들의 개별 글만 보고는 내용으로 평가하기가 쉽지 않은 부분이 있었다.

*언제나 평가는 어렵다. 평가에 대한 부분은 더 연구해야 하는 부분이다. 이에 대해 부족한 부분을 느끼고 있고, 이 책에 좋은 사례를 보여드리지 못해 부끄럽고 죄송한 마음이다.

[5차시: 편집 및 디자인 수업]

모둠별로 실제 책을 만드는 작업에 대해 안내했다. 책을 직접 보여주며 책이 어떻게 구성되었는지 안내했다. 책의 날개, 책등, 표지, 서지정보, 색지, 머리말, 본문, 에필로그 등을 안내했다. 학습지를 통해, 편집을 어떻게 진행하면 되는지 등 실제적인 부분을 안내했다.

묵쌤과 함께 하는 책 쓰기 프로젝트에 대해 안내합니다.

1. 편집용지 및 양식은 부크크(http://www.bookk.co.kr/)사이트에서 제공하는 양식을 활용하면 됩니다. 우리가 보는 대부분의 책의 크기는 A4용지의 절반 크기인 국판(A5)입니다. 따라서 특별한 의도가 있는 경우를 제외하고 국판 크기의 양식을 활용하면 됩니다.

2. 묵쌤이 한글 편집에서 자주 사용 하는 기능은 다음과 같습니다.
 1) 편집화면 나누어 보기: 편집화면-가로로 나누기, 세로로 나누기
 2) 모양복사: ALT+C
 3) 편집 되돌리기: CTRL+Z
 4) 자간 줄이기: SHIFT+ALT+N

3. 국판으로 작성하여 인쇄할 때는, A4를 반으로 잘라서 A5로 만든 뒤 양면 인쇄 혹은 단면 인쇄를 하면 됩니다. A5용지는 따로 문구점에서 판매하지 않습니다. A4용지로 인쇄하는 경우, 프린터의 기능 중 '소책자 인쇄'라는 기능을 활용하면 책의 형식을 갖추는데 좀 더 편하게 인쇄할 수도 있습니다.

[책의 구성과 수행평가 기준에 대해 안내합니다.]

① 내용: 충실한 내용으로 작성되었는가?

각 챕터의 내용이 적절하면 됩니다. 한 권의 책은 하나의 주제로 되어 있어야 합니다. 1차로 제출했던 개인 과제를 보완해서 제출하면 됩니다. 모둠원이 모두 만점을 받은 경우에는 고칠 내용이 거의 없을 것입니다.

② 형식: 책의 형식을 갖추었는가?

부크크에서 제공하는 양식을 활용할 경우에는, 책에 들어가는 형식적인 부분이 들어 있기에 큰 도움을 받을 수 있습니다. 책의 서지정보, 머리말, 목차, 본문, 에필로그의 형식을 갖추어야 합니다. 작가소개의 경우에는 보통 표지 날개에 삽입합니다. 하지만 만약 책의 날개를 만들지 않는 경우에는 책 내용 중에 넣으면 됩니다.

③ 과정: 멘토를 정해 조언을 받고 이를 반영하였는가?

주어진 양식에 멘토의 조언과 이를 어떻게 반영했는지 작성하여 제출하면 됩니다.

④ 역할: 모둠에서 맡은 자신의 역할에 충실하였는가?

모둠 내 학생 평가를 반영할 예정입니다.

⑤ 편집: 내용이 보기 좋게 편집되었는가?

독자가 보기 편하게 편집되었는가를 확인합니다. 부크크에서 제공하는 양식대로 본문의 줄 간격을 200%로 맞추어 책을 제작하고 출력하면 됩니다. 우리가 편집하는 보통의 글은 줄 간격이 160%입니다. 하지만 책의 경우에는 독자의 가독성을 높이기 위해서 보통 줄 간격을 180%~200%로 설정합니다. 그렇지 않으면 책이 내용이 너무 빡빡하게 보여서 보기가 힘들어요.

묵쌤의 책 쓰기 수업 코칭입니다. 감사합니다. 사랑합니다. 책쓰기를 통해 아이들의 성장을 지원하고자 합니다. 아이들이 쓰는 글들은 모두 보석처럼 빛나는 글들입니다.

(줄 간격 160%)

묵쌤의 책쓰기 수업 코칭입니다. 감사합니다. 사랑합니다. 책쓰기를 통해 아이들의 성장을 지원하고자 합니다. 아이들이 쓰는 글들은 모두 보석처럼 빛나는 글들입니다.

(줄 간격 200%)

글꼴(폰트)은 상업적으로 활용 가능한 글꼴 중 보기 편한 글꼴을 사용하는 것을 원칙으로 합니다. 본문은 특별한 의도를 가진 경우를 제외하고 KoPub바탕체, 돋움체를 활용하여 10포인트로 작성합니다. 특별한 표현을 원하는 모둠들은 글자 크기 및 글꼴의 제한은 없지만, 어떤 글꼴을 사용했는지 서지정보에 적어야 합니다. 어떤 폰트를 사용했는지 알아야 학급 총 편집장이 확인하고 편집이 가능하기 때문에 그렇습니다.

⑥ 디자인: 내용에 필요한 사진이나 그림이 삽입되었는가?

특히 표지 디자인이 적절하게 구성되었는지 살펴보도록 하겠습니다. 표지디자인의 질을 평가하는 것이 아닙니다. 오해하지 말기 바랍니다. 내용에 맞는 표지가 개성 있게 제작되어 있기만 하면 됩니다. 독창성이나 창의성이 있으면 됩니다. 높은 수준을 요구하는 것이 아닙니다. 그리고 책의 본문에 내용에 필요한 사진이나 그림이 3장 이상 삽입되었는지를 확인합니다. 이 사진이나 그림은 직접 찍거나 그린 것이면 가장 좋습니다. 아니면 인터넷에서 그냥 가져온 사진이 아닌 상업적으로 이용 가능한 사진이나 그림(저작권 없는 그림 사이트: 픽사베이 등)을 사용합니다.

* 위와 같이 일단 안내를 하였는데, 이후에 다른 선생님들과 상의를 통해 안내되었던 편집 기준을 많이 줄여서 안내했다. 너무 많은 기준을 줄 경우에 학생들이 혼란이 있을 수 있다는 의견이 있었고, 짧은 시간 안에 학생들이 제시한 모든 기준을 충족하기에는 어려움이 있었기 때문이라는 판단 때문이었다. 아이들에게 최종적으로 제시된 기준과 안내는 다음과 같다.

---

① 내용

. 개인 과제 제출 후 수정 가능.
. 다른 책이나 글을 인용한 경우 출처를 밝혀야 함.

② 형식

. 책 크기는 A4, A5 모두 허용
. **책 표지, 목차, 머리말** 갖추어 제출하면 됨.
. 머리말의 형식은 자유, 분량 400자 이상
. 글꼴 자유

. 서지정보/날개/작가소개/에필로그는 권장 사항이며 감점 사유 아님.

③ 과정
. 멘토의 조언 학습지 제출 여부를 평가함. 제출하면 됨.

④ 모둠 내 역할
. 6월 7일 이후 모둠 내 상호평가 반영

　　　　　수업 시간에 평가를 실시하여 5점 만점에

　　　　　평균 2점 이하인 학생은 역할 점수 -1점

⑤ 편집
. 전체적으로 맞춤법이 맞지 않거나, 문단이 전혀 나뉘지 않은 경우 -1점

⑥ 디자인
. 그림이나 사진 3장 이상 삽입되지 않은 경우 -1점

(모둠원이 3명 이하인 경우: 그림이나 사진 2장 이상 삽입)

. 직접 그리거나 스캔 모두 허용

이후에는 학생들에게 수업시간을 1~2시간을 더 주고, 책을 완성할 수 있도록 했다.

'④ 모둠 내 역할'에서 보면 학생들의 동료평가 점수를 넣게끔 계획했었다. 프로젝트를 계획할 때는 모둠에서 학생들이 서로를 평가하는 것에 의미가 있다고 판단했고, 교사가 평가에서 잘 보지 못하는 부분을 아이들이 보고 평가할 수 있다는 결론 아래 계획했었다. 하지만 결국 동료평가는 수행평가 점수에 반영하지 않았다. 책 쓰기 프로젝트를 진행하며 다툼이 있는 모둠이 있었는데, 담임 선생님이 나서서 중재할 만큼 문제가 심각했다. 이에 동료평가를 평가점수에 넣을 경우 문제가 커질 수도 있겠다는 판단 하에 이 항목은 점수에 적용하지 못했다. 모둠별 평가 이전에 개인별 평가에서 글을 쓰지 않은 학생들은 아예 모둠책 만들기에서 점수를 얻지 못했기에, 동료평가에 대한 부분은 생활기록부 교과 세부능력 특기사항에 서술된 내용을 반영하는 것으로 대체했었다.

여러 가지로 어려움이 있었지만, 모둠별로 책을 완성한 수업이라는 점에서 의미가 있었다. 2016년보다 기준을 완화하고, 책을 완성하는 데 목적을 두었더니 모둠마다 짧긴 하지만, 의미 있는 책 한 권씩을 만들었다. 기뻤고 고마웠다. 학생 중에서는 이 책이 너무 소중해서 평가 후에 꼭 돌려달라는 학생들도 많았다. 자신들이 창작하고 만든 것을 소중하게 생각하는 마음이 기특했고, 그만큼 의미 있었다는 소리로 들렸다. 학기 말에 학교에서 '지족교과데이'라는 행사가 있을 때, 국어과에서는 이 책 쓰기 수행평가의 결과물을 전시하였다.

이 수업이 끝나고 학기 말에 진행한 활동이 하나 더 있었다. 책의 결과물을 받고 나니, 결과물에 잔혹 동화나 스릴러 작품들이 있는데 이 책들을 쓰는 것이 과연 수행평가로 적절한가에 대한 의문을 다른 선생님께서 제기하셨다. '인천 여아 살인사건'이 크게 이슈화되던 시기였다.

그래서 학생들이 이 부분에 대해 토론하며 한번 생각해보는 것이 어떻겠냐는 결론을 얻게 되었다. 그래서 실제로 아이들에게 질문거리를 던져주고 토론하게 되었다. 토론의 논제는 '학교 수행평가로 스릴러나 잔혹 동화를 쓰는 것을 허용할 수 있는가?'였다. 앞에서 언급한 것처럼 이때 토론의 결과가 중요한 것이 아니라 실생활에서 발생할 수 있는, 특히 학교에서 발생할 수 있는 문제에 대해 토론의 형식을 갖추어 감정이 아닌 논리적으로 생각해 본 기회였다고 생각한다. 어떤 문제가 발생했을 때, 토론을 통해 서로의 생각을 발전시키고 고민거리에 대한 다양한 시각을 알 수 있다는 것을 경험하는 의미 있는 시간이었다.

2017년 1학기 지족고 1학년 학생들이 쓴 책 목록

1. (마음만은 아인슈타인) 고오급 과학

백과사전, 설명문.

우리가 평소에 잘 모르는 과학지식을 알기 쉽게 간단히 정리했다. 생활 속에서 인류의 역사까지 많은 분량을 포함하여, 챕터별로 체계적으로 분류하였다.

2. 걷다가 걷다가 보면

책의 장르는 소설로, 모둠원 5명이 각자의 꿈을 이루었다는 전제하에 각각의 허구의 인물들을 창조하여 그들의 일상생활을 썼다.

3. 그때는 봄, 여름, 가을, 겨울

남녀의 사랑의 장소인 길을 통해 그 속에 숨어 있는 감정을 표현하였다. 시간의 흐름에 따라, 사건에 따라 길의 의미가 바뀌는 것을 표현했다.

4. 인생

총 다섯 개의 단편소설로 이루어졌으며, 각 소설마다 한 남자의 살아온 길에 대해서 설명한다.

5. 하얀 이정표

중학교 때부터 절친했던 친구 7명 각각의 이야기를 에피소드 형식으로 구성한 소설로, 마지막 에피소드의 반전을 통해 청소년층 독자들에게 자신의 진로를 생각할 수 있는 계기를 제공한다.

6. 맨홀

친구 6명이 여행을 가서 일어나는 실종사건과 그 사건을 해결하는 주인공 '차현'의 우여곡절을 담아낸 긴장감 넘치는 추리소설이다.

7. 토끼와 거북이

전래동화와 전반적인 내용은 같지만, 토끼가 늦장을 부리다가 거북이에게 진 것에 대한 후회를 명확하게 드러낸 새로운 동화다.

-여기까지 남학생반 작품

8. 사랑이라 믿어줘

살인사건을 알리는 뉴스로 시작되어 그 사건의 경위를 알리는 액자식 구성이 특징이다. 로맨스와 스릴러의 혼합장르물로 매력적인 소설이다.

9. 촛불 하나

17년의 인생 가운데 느꼈던 생각과 느낌이 담긴 책이다. 흔한 여고생들의 생각이 궁금하다면 이 책을 골라야 한다.

10. 피터, 사랑을 꿈꾸다

잔혹 동화. 사람들이 일반적으로 알고 있는 동화의 내용을 완전히 뒤바꾸어 잔혹하게 구성했다. 저학년 아이들이 보기에는 적합하지 않다. 중학교 2학년 이상이 독자이다.

11. 그 겨울, 우리는 다시 만났다

장르: 로맨스

특징: 두 남녀가 이별한 뒤 그들이 함께했던 길을 걸을 때마다 회상하며 그리워하는 내용으로 계절마다 변하는 길의 특징을 살려 간결체와 화려체로 표현한다. 여자 주인공 시점에서 진행되다가 남자 주인공 시점으로 시점이 변하여 사건의 궁금증을 해소한다.

12. 하늘 길

공부로 인한 스트레스, 다른 사람이 바라볼 자신의 모습 등을 걱정하는 청소년의 모습을 동물로써 표현하였다. 또한 다른 동물들이 자신의 경험을 이야기하며 해결책을 이야기한다. 주제는 '원하는 길이 정답인 길'이다.

13. 사치스러운 공주

어린아이들에게 추천하는 동화이다.

책 속에서 겪는 다양한 상황을 보며 교훈을 얻을 수 있다. 가슴 따뜻한 동화로 긍정적인 자아와 배려심을 배울 수 있다.

14. 할머니의 길 동화집

'길'이라는 주제로 작가 개개인이 동화를 썼다. 교훈을 주는 동화, 로맨스, 공포, 성장 동화까지…. 할머니가 들려주는 형식으로 말투를 부드럽게 썼다.

15. 열일곱 소녀, 꿈길을 걷다

진로탐색도서. 작가들의 각자의 꿈인 직업을 조사하여 내용을 알기 쉽게 정리하여 소개하고 있다. 진로가 고민되는 청소년들에게 추천한다.

-여기까지 여자반 작품

[그 밖의 작품들]

VI. 묵쌤이 제안하는 1학기를 넘어 1년 책쓰기 수업

묵쌤이 제안하는 1학기를 넘어 1년 책쓰기 수업

*저도 아직 1년을 단위로 해본 적은 없습니다. 하지만 이렇게 가면 좋을 것 같아요. 교사가 넓고 깊게 멀리 볼수록 수업도 넓어지고 깊어진다고 믿습니다.

[멀리 보는 1년 책 쓰기 수업을 위한 수업 절차]

1. 문화 만들기와 역량 키우기
2. 기획안 작성
3. 자료수집
4. 초고 작성
5. 본문 편집(내용 수정 및 교정·교열 포함)과 디자인
6. 제목과 목차 최종 결정, 머리말·작가 소개·책 소개 작성
7. 최종 검토(교정·교열 포함)
8. 책의 홍보(영상·카드뉴스 제작, 출판기념회)

1. 문화 만들기와 역량 키우기

책과 친하지 않고, 글쓰기의 훈련이 안 된 상태에서 책 쓰기 수업은 어렵다. 그렇기 때문에 이 단계를 반드시 가져야 한다. 책을 쓴다는 것의 의미를 학생들이 분명하게 깨달을수록, 책에 대한 관심이 커질수록, 책을 함께 보는 문화가 형성되어 있을수록 학생들

의 책 쓰기 수업이 의미 있게 진행될 확률이 커진다. '당연히 해야 하는 과제고 너희들에게 도움이 될 거야.'라고 교사가 설득하는 것보다는 아이들이 자연스럽게 책과 글쓰기에 대한 의미를 알게 되면 책 쓰기 수업이 잘 이루어질 것이다.

이에 이 단계에서 앞에서 소개한 영화인 '프리덤라이터즈'를 보는 것을 추천한다. 영화를 통해 자신의 삶을 기록한다는 것, 책을 읽는다는 것, 글을 쓴다는 것의 의미를 다른 친구들과 이야기할 수 있는 좋은 제재이다.

이 단계에서 가장 중요한 것은 '교사' 자신이 책을 좋아해야만 한다는 것이다. 물은 위에서 아래로 흐르듯, 교육도 위에서 아래로 흐른다고 한다. 교사가 책을 좋아하는 모습을 보이고, 자신이 읽은 책을 소개하는 일만큼이나 좋은 독서교육은 없다. 그리고 자신이 읽었던 책을 읽어보라고 학생들에게 추천하고 이를 빌려주는 모습을 보인다면 더욱 좋다.

만약 다시 책 쓰기 수업을 한다면 1학기 동안 독서와 글 쓰는 훈련을 통해 아이들이 책과 친해지고 글 쓰는 것이 익숙해진 다음, 2학기에 아이들과 본격적으로 책을 쓰는 수업을 할 것이다. 책 쓰기도 기초체력이 중요하다.

2. 책 기획

아이들이 책과 충분히 친해졌고, 책에 대해 알았다면, 이제는 책을 보는 관점을 바꾸어주는 활동이 필요하다. 자신이 좋아하는 이 책이 어떻게 만들어졌을까를 생각해보게끔 해보는 것이다. 책의 정보를 인터넷으로 검색해서 보다 보면, 책의 독자층은 누구이며, 어떤 의도로 쓰였는지 등을 파악할 수 있다. 한 권의 책이 어떻게 기획되고 만들어졌는지를 파악하고, '나도 이런 책을 써보고 싶다'는 마음이 들게 하는 것이 이 단계의 목적이다. 그리고 나서 내가 쓸 책의 기획서를 써보는 것이다. 이때 나도 이런 책을 쓰고 싶다고 생각한 그 책이 자신이 기획하는 '길잡이 책'이 된다. 책을 만들 때 개인별로 만들어도 되지만, 책을 쓰는 실제 과정이 쉽지 않은 과정이고 많은 사람들이 협력해서 만든다는 것을 고려한다면 한 권의 책을 개인이 아닌 모둠으로 만드는 것이 좋다고 생각한다. 책의 기획은 책의 방향을 결정하는 일로서 가장 중요한 일이니 모둠에서 충분히 상의하고 결정해야 한다.

3. 자료 수집

자료를 수집하려는 목적으로 독서를 하고, 인터넷 검색을 통해 정보를 얻는 것은 분명 일반적인 독서나 인터넷 활용과 다르다.

이때 교사가 학생들에게 알려줄 것은 자료를 찾아 이를 정리하는 방법과 저작권에 대한 부분이다. 자료를 찾을 때는 책의 목차를 떠올리면서 자료를 찾고 이를 자신만의 관점으로 재해석하는 과정이 필요하다. 기존의 자료를 짜깁기만 한다면 그것이 온전히 나의, 혹은 우리의 책이라 부르기는 힘들 것이다.

*이 단계에서는 고영성 작가가 세바시에서 강연한 영상인 '글쓰기를 잘할 수 있는 3가지 비법' 영상이 도움이 될 것이다. 실제 작가는 어떻게 책을 쓰는지 알 수 있다. 아이들에게도 동기부여가 될

것이다.

자료를 찾아서 정리할 때에는 '에버노트'나 '원노트' 같은 크라우드 기반의 노트서비스를 활용하는 것이 좋다. 인터넷의 자료들을 바로바로 저장했다가 다시 볼 수 있으며, 자료를 자신만의 목차나 순서로 재구성할 수 있다. 한글 등의 문서 프로그램에 자신이 쓸 내용을 저장하게 되면, 다시 필요한 자료들을 찾을 때마다 파일들을 열어봐야 하지만, 앞에 소개한 노트 서비스를 활용하면 한 번에 그 자료들을 열고 찾기에 편하다.

4. 초고 작성

혼자서 책을 만든다면 상관없지만, 모둠이 책을 만든다면 초고를 쓰기 전에 먼저 상의해야 할 것이 있다. 바로 '문체'다. 글을 쓸 때, 존댓말을 쓸 것인지, 반말로 쓸 것인지를 먼저 상의하고 예시 안을 작성해보아야 한다. 그래야 함께 원고작성을 시작할 수 있다. 그렇지 않으면 각 챕터의 문체가 다르기 때문에 각 챕터가 다르게 보인다. 물론 각 챕터의 개성을 살려서 쓰는 작품을 의도하고, 의도적으로 문체를 다르게 구성했다면 상관없지만 말이다.

* 초고 작성 후 꼭 해야 할 중요한 일은 파일을 자주 '저장'하는 것이다. 일반적으로 사람들은 새로운 글을 쓰면 이전의 파일에 덮어서 저장하는 경우들이 있는데, 그렇게 하면 이전에 썼던 내용이 필요할 때, 그것을 찾을 수 없다. 그렇기 때문에 내용을 빼거나 추가할 때마다 새로 파일을 저장하도록 안내해야 한다.

* 그리고 반드시 수행평가나 결과물을 제출할 때, 인쇄물과 함께 파일도 받아야 한다. 몇 해 동안 책 쓰기 프로젝트를 진행하며 얻은 큰 깨달음 중 하나가 있다. 바로 아이들은 자신의 메일에 있는 문서파일들을 바로바로 지운다는 사실이다. 수행평가를 제출할 때 파일로도 제출받지 못하면, 아이들이 쓴 자료를 다시 받는 일이란 거의 불가능하다. 수행평가로 책 쓰기를 한 경우에는 출력물과 함께 반드시 파일을 인터넷 카페에 올리거나, 메일로 제출하도록 해야 한다.

5. 편집과 디자인

이제 내용 편집에 들어간다. 이때부터 진짜다. 초고를 쓰면 다 끝났다고 생각하기 쉽지만, 이제부터 아이들이 의견충돌이 생기기도 하고, 많은 시간과 노력이 필요하다. 그래서 이 과정 가운데 배움이 더욱 활발히 일어난다. 책의 수준도 이 단계부터 결정된다.

내용을 편집할 때는 아이들의 의도를 충분히 듣고 그 의도를 살리는 방향으로 편집을 하도록 해야 한다. 교사가 아이들의 글에 대해 조언을 할 때는 조심해야 한다. 교사가 이야기할 때, 아이들이 그 조언을 받아야 들인 것처럼 보일 때도 있지만, 보통은 그 이야기를 아이들이 자신의 글에 반영한다는 것이 쉽지 않은 일이다.

아이들은 글을 써본 경험이 적어 어떻게 고쳐야 하는지 더 혼란스러워할 가능성이 크다. 즉, 초고가 가장 좋은 글일 가능성이 많다는 것을 느끼기도 했다.

편집을 할 때 가장 좋은 방법 중 하나는 다시 길잡이 책을 보는 것이다. 자신들이 이런 책을 쓰고 싶다고 생각한 그 책은 가장 좋은 거울이 된다. 자신들의 글과 책을 비교하면서 스스로 깨닫게 될 때 가장 큰 변화를 보인다. 내가 개인적으로 글을 쓰거나 책을 쓸 때도 마찬가지였다.

만약 시간적인 여유가 있다면, 편집 단계를 조금 시간을 두고 진행하는 것도 괜찮다. 그러니까 1학기에는 초고까지만 쓰고, 그 이후 다양한 독서프로그램이나 독서 활동으로 아이들의 사고력과 역량을 기른 다음, 2학기에 편집에 들어가면 자신들의 글이 새롭게 보일 것이다.

*나도 그렇다. 글을 쓰고 나서 바로 내 글들을 보면, 참 좋은 글처럼 느껴지지만 읽는 독자의 입장에서는 그렇지 않은 글들이 태반이다. 나는 블로그에 글을 쓰고는, 많은 사람이 읽고 공감 표시를 하는지 살펴본다. 그리고 공감을 받지 못한 글들에 대해 다시 생각해본다. 어떤 글들은 왜 공감을 받는지와 그렇지 않은지에 대해 고민해보는 것이다. 그러고 난 뒤, 다양한 책들을 읽다보면 그제야 문제들이 보이기 시작한다. 나에게 가장 좋은 스승 중 하나는 책이다.

교정과 교열을 볼 때, 아이마다 자주 틀리는 문법이 보인다. 이제까지 자신들의 글을 다른 사람들이 진지하게 보아준 적이 거의 없기 때문에 발견을 못 한 것이다. 내용부터 구성, 문법까지 보게 되니 자연스럽게 아이들이 성장할 수밖에 없다.

아이들은 맞춤법 검사를 해야 한다고 하면, 맞춤법에 대해 잘 모른다고 하는 경우들이 많다. 이때, 필요한 것이 맞춤법 검사기이다. 다음이나 네이버에서도 맞춤법 검사를 제공하는 등 다양한 곳에서 맞춤법 검사기능을 제공하지만, 개인적으로는 부산대학교에서 만든 검사기를 추천한다.

이것을 만드신 부산대학교의 권혁철 교수님은 1992년부터 맞춤법 검사 프로그램을 개발해왔고, 2000년 (주)나라인포테크라는 회사를 설립해 이 서비스를 제공하고 있다는 점에서 다음이나 네이버보다 좀 더 정확하게 맞춤법 검사를 해주고 있다는 신뢰감이 들기 때문이다.

이 검사기는 300어절씩 나누어 검사해주는데, 어떤 부분이 왜 잘못되었는지를 알려준다. 그 내용을 보면서 맞춤법을 공부할 수 있다. 그 점이 가장 마음에 든다. 교육적으로 의미가 있다고 생각한다.

편리하게 바로바로 맞춤법을 검사하고 바꾸어 주는 것으로는 네이버 블로그에 글을 복사한 다음 맞춤법을 점검하거나, 구글의 크롬브라우저를 활용하는 방법이 있다.

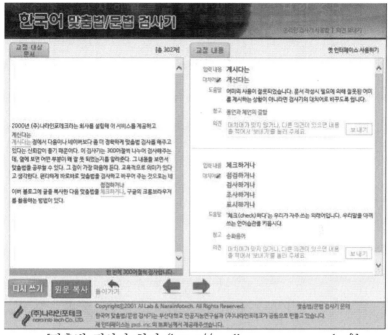

[맞춤법 검사기 화면 (http://speller.cs.pusan.ac.kr/)]

디자인적인 부분은 디자인의 질에 대해 생각하기 보다는 이 책의 주제나 내용을 잘 드러낼 수 있게 표현되는지 살펴보는 것이 필요하다. 이 책의 메시지를 가장 전달을 잘 할 수 있는 표지는 무엇이고, 삽화는 어떻게 들어가야 하는가를 생각해보는 것이다.

특히, 표지는 책의 얼굴이다. 책에서 가장 먼저 보이는 부분이기에 중요하다. 디자인이란 부분은 사실 전문가들이 표현해내는 것이 질적인 면에서 훨씬 우수하다. 그렇기 때문에 부크크에서 책을 낼 때는 표지를 학생들에게 맡기기 보다는 부크크에서 디자인을 샀다.

하지만 학생들이 표현하는 발랄함이 덜한 부분은 아쉬울 수 있고, 학생들이 표지까지 참여했을 때 완벽하게 책 쓰기 프로젝트를 완성한 것이니 학생들에게 맡겨도 좋다. 디자인에 대해서는 학생들이 생각하는 다양한 시도들을 마음껏 표현하게끔 해주는 것이 가장 좋다고 생각한다. 중요한 것은 자신들의 아이디어를 어떻게 실현해 나가는가에 대한 부분이지, 지금 당장의 모습이 아니라고 생각한다. 그리고 분명 디자인적인 부분에서 자신의 재능을 펼치는 아이들이 생긴다. 그리고 그 재능을 발전시켜 성장하는 아이들이 있다. 그렇기에 책 쓰기는 '발견'이고 '성장'이다.

6. 제목과 목차 최종 결정, 머리말·작가 소개·책 소개 작성

5번째 단계에서 본문내용이 완성되었다면 다시 결정해야하는 부분이 생긴다. 바로 제목과 목차다. 이 책을 기획할 때의 마음과 본문을 수정하면서 변화된 것들이 있을 것이다. 이 부분을 반영하기 때문에 제목은 마지막까지 가제(임시제목)로 남겨 두어야 한다.

이후 내용과 책의 콘셉트에 맞는 머리말과 작가소개를 쓴다. 같은 작가가 쓴 책이라도 책에 따라 작가의 소개를 달라진다. 책을 쓴 작가가 그동안 어떤 일을 했는지, 어떤 생각으로 이 책을 쓰게 되었는지의 스토리가 책에 담긴다. 또한, 책을 왜 쓰게 되었는지도 이러한 내용을 보고 알 수 있다.

그리고 책을 다른 사람들에게 소개할 문구를 작성하면 된다. 길잡이 책을 어떤 문구로 홍보하고 있는지를 참고해서 적으면 좋다.

7. 최종 검토(교정·교열 포함)

이제야 마지막이다. 견본 책을 받아서 최종적으로 세부적인 것들을 검토한다. 그 전까지도 그래와야 했지만, 이제는 작가의 눈에서 독자의 눈으로 책을 보아야 한다. 본문의 줄 간격이 잘못된 곳은 없는지, 삽화는 잘 들어갔는지, 맞춤법이 잘못된 문장은 없는지 등을 보면서 책의 완성도를 높여야 한다. 오탈자가 있는 책의 경우, 읽는 독자에게 신뢰감을 주기 어렵다. 7단계를 수행해야 진짜 책이 된다.

이 부분을 건너뛰면, 분명히 문제가 생긴다.

8. 책의 홍보

책은 읽힐 때 또 한 번의 의미가 생긴다. 많은 사람에게 읽혀야 한다고 믿는다. 그리고 홍보의 과정에서 아이들은 한 번 더 성장할 기회를 얻는다. 북트레일러 영상을 만든다든지, 카드뉴스를 만들어서 홍보하는 과정을 겪을 수 있다.

그리고 출판기념회 행사를 통해 아이들이 책을 소개하고 이야기할 자리를 마련해주는 것이 좋다. 이 과정을 통해 자신이 만든 책의 가치를 한 번 더 깨닫고 성장할 수 있다.

*「독서활동을 위한 북트레일러 활용 설명서」
(최용훈, 학교도서관 저널)

북트레일러 영상제작에 관심이 있는 선생님들께는 이 책을 추천한다. 북트레일러에 대한 다양하고 자세한 설명과 함께 선생님 추천하시는 영상 제작 프로그램인 '파워디렉터'에 대한 안내가 들어 있다.

Ⅶ. 묵쌤의 책쓰기 노하우

학생들에게 동의를 어떻게 받아야 하나요?

저는 학기 초에 학생들에게 저작물 이용 동의서를 한 장씩 받습니다. 이유는 수업시간에 만든 학생들의 활동이나 작품들을 교육적인 목적에서 활용하거나, 블로그에 글을 올리고, 교육적인 콘텐츠(자료집, 도서) 등을 만들기 때문입니다.(동의서 양식은 부록에 넣었습니다.) 학기 초에 제 소개를 하고, 동의서를 받아 놓습니다. 이렇게 하는 이유는 교육적인 목적도 있습니다. 학생들 자신이 하는 활동이나 작품들이 다른 사람들에게 도움을 줄 수 있는 가치 있는 작품이며, 자신이 만든 저작물의 권리는 보호받아야 한다는 것을 깨닫게 해줍니다. 이런 내용까지 학생들에게 이야기합니다. 그리고 저작물 동의를 받지 못한 학생의 결과물은 책에 넣지 않아야 합니다. 그리고 책의 초고를 쓰고 나서, 다시 한번 아이들에게 내용을 보여주고 확인받습니다. 혹시 동의를 받지 않아서 들어가지 않아야 하는데, 내용이 들어갔는지 확인하는 것입니다.

종이책의 구성을 설명하면 좋습니다

아래의 내용(~246쪽)은 '부크크13)-커뮤니티-게시판-작가노하우'에 있는 게시 글을 제가 일부 수정한 것으로, 부크크 측에 허락을 받고 책에 넣었습니다.

* ← 별 표시를 하고 쓴 부분은 제가 쓴 내용입니다. 예시자료는 「동물원 야간개장」을 활용했습니다.

종이책의 구성

책은 보통 다음과 같이 구성됩니다.

1. 표지(책 앞, 책 뒤, 책등, 날개) 2. 색지(맨 앞, 맨 뒤) 3. 판권지
4. 제목 한 번 더 5. 목차 6. 본문(머리말, 본문, 작가의 말) 7. 부록

1. 표지

표지라고 하면 보통은 책의 앞면이나 뒷면만 떠올리게 되지만, 제작하는 입장에서 표지는 이렇게 생겼습니다. 뒷날개-뒤표지-책등

---

13) 자가출판플랫폼으로, 홈페이지는 http://www.bookk.co.kr/

-앞표지-앞날개가 이렇게 한 장으로 연결되어 있습니다.

1) 책 앞면: 책의 얼굴 부분입니다. 표제와 부제, 저자명, 출판사명이 들어갑니다.

2) 책 뒷면: 보통 상단에는 추천사, 책의 소개문, 책의 일부분 발췌문 등이 들어가고, 하단에는 ISBN 정보, 바코드, 가격 정보 등이 들어가게 됩니다.

3) 책등: 책꽂이에 꽂았을 때, 책의 얼굴입니다. 표제와 저자명, 출판사명이 들어갑니다.

4) 날개: 일반적으로 앞쪽 날개에는 '저자소개', 뒷면은 '관련 책 소개'가 들어갑니다.

2. 색지

표지 다음 페이지에 색지가 들어갑니다. 일반적으로는 표지의 색깔 톤과 유사한 색지가 들어가는데, 부크크에서는 색지의 색은 선택할 수 없고, 밤색이 색지로 들어갑니다.

3. 판권지(서지정보)

발행일과 저자, 출판사, ISBN 등의 정보를 담은 내용이 담겨있는 페이지입니다. 서지정보는 ISBN 발행을 하는 경우에 의무적으로 기재해야하는 내용입니다. 그렇기에 출판된 책마다 모두 기재되어 있습니다. *아이들에게 책의 정보를 쓰라고 하면 잘 찾지 못하는 경우들이 생기는데요. 서지정보를 통해 책의 정보를 확인하는 법을 알려주시면 좋습니다. 특히 책의 출판연도나, 이 책이 몇 쇄나 인쇄

되었는지를 서지정보에서 확인할 수 있습니다.

동물원 야간개장

2016년 5월 5일 초판 1쇄 발행

지은이   대전지족고등학교학생 윤정수 외
엮은이   임진묵
그린이   한혜연 이라희 김환용 김루리
발행인   이용숙

편집   공미순 박가희 윤지남
디자인   진민정

펴낸곳   🌱 / WITH BOOKS
             출판등록   제 2015-00033호(2015년10월 23일)
             주 소   서울시 마포구 성미산로2길 47 (서교동) 수양빌딩5층
             전 화   02-333-6052
             팩 스   02-322-4645
             홈페이지   http://iwith.modoo.at
             블로그   http://blog.naver.com/joinus67with
             페이스북   http://facebook.com/withbooks
             이메일   gmiran@naver.com

ISBN 979-11-957958-0-2

🌱는 (주) 수양에프엔지의 출판브랜드입니다.
"이 책은 저작권법에 따라 보호받는 저작물이므로 무단 전재와 복제를 금합니다."

파본은 구입하신 서점에서 교환해 드립니다.

이책의 국립중앙도서관 출판예정도서목록(CIP)은 서지정보유통지원시스템 홈페이지(http://seoji.go.kr)와
국가자료공동목록시스템(http://www.nl.go.kr/kolisnet)에서 이용하실수 있습니다.(CIP제어번호 : CIP2016010750)

최근에 나오는 책들 대부분은 색지 바로 다음 장에 판권지가 들어가는데, 마지막 페이지에 들어가는 경우들도 있습니다. 책의 앞이나 뒤에서 판권지를 찾으면 됩니다.

4. 제목이 한 번 더

보통 판권지 옆에 책의 표지가 한 번 더 나옵니다.
한국도서에서는 관행적으로 이런 구성으로 책이 되어 있습니다.

5. 목차

추천사나 머리말이 먼저 나오고 목차가 다음에 오는 경우도 있습니다.

6. 본문

목차에서 안내해 놓은 본문 내용이 책에 나오게 됩니다. 책을 보다 보면 일반적으로 따르는 규칙들을 발견할 수 있습니다.

왼쪽 페이지	오른쪽 페이지
짝수 쪽	홀수 쪽

오른쪽(홀수) 페이지를 비우지 않는다.

1장의 중간마다 구분을 위해서 장을 구분하는 삽화를 넣기도 합니다. 그런데 보통은 오른쪽 페이지(홀수 페이지)에 삽화를 넣어서 다음 페이지부터 본문이 시작되도록 하거나, 왼쪽 페이지에는 간단한 아이콘을 넣거나 빈칸으로 두어서, 오른쪽 페이지부터 본문 글이 들어가는 경우가 많습니다. 즉, 오른쪽(홀수) 페이지가 비어있지 않도록 하는 것을 암묵적으로 지키고 있었습니다. 생각해보면 이 페이지가 비어있으면 뭔가 책이 갑자기 끊기는 느낌이 들 것 같기도 한 것 같아서 그런 규칙을 지키는 것이 아닌가 생각해봅니다.

*본문의 내용이 다 끝나고 나서, 일반적으로 '작가의 말'이 나오

고 번역서의 경우에는 '역자 후기'가 나옵니다. 이런 흐름이 일반적으로 익숙하다 보니까 작가의 말이 없으면 책이 갑자기 마무리되는 듯한 느낌이 들기도 합니다.

7. 부록

책에 따라서 본문 내용에 인용된 내용이 있거나, 참고자료가 있는 경우에는 부록으로 따로 정리합니다.

페이지에 대한 일반적인 특징들은 다음과 같습니다

1. 오른쪽 페이지는 홀수 쪽! 왼쪽 페이지는 짝수 쪽!

자신이 가지고 있는 모든 책을 열어보세요. 오른쪽 페이지는 홀수고, 왼쪽 페이지는 짝수입니다. 책의 페이지를 유심히 분석해보신 분이거나 인쇄, 출판관계자가 아니라면 잘 모를 만한 부분입니다. 하지만 책을 만드는 입장에서는 그 부분을 꼭 알아야 합니다. 특히, 페이지 번호를 넣을 때, 이 부분을 잘 고려하셔야 합니다. 페이지 번호가 책의 바깥쪽에 표시되도록 하려면, 짝수 페이지 숫자는 좌측으로, 홀수 페이지 숫자는 우측으로 가도록 해야 합니다.

2. 책의 1페이지는 색지가 끝나고, 흰 종이가 나오는 부분부터!

보통, 책을 펴보면, 1쪽이 적혀있는 것은 거의 본 적이 없습니다. 기본적으로는 색지가 끝나고 나서 첫 흰 종이가 1쪽이 됩니다. 그렇게 보면, 왜 홀수 페이지가 우측인지를 알 수 있는데요. 책을 펴서 색지를 넘기고 나면, 우측 페이지에 흰 종이의 첫 면이 오게 됩니다. 여기서부터 1페이지는 홀수가 되기 때문에 홀수가 항상 오른쪽에 오게 됩니다.

따라서 원고 작업을 하시는 경우에 페이지 수를 지정하실 때 이것을 고려하셔야 합니다. 책의 1쪽은 아무것도 적지 않고 비워두시고, 2쪽은 판권지가 들어갈 공간으로, 3쪽은 '제목이 한 번 더' 나오는 공간으로 생각하시고, 4쪽부터 목차를 넣으면. 책의 첫 부분을 잘 구성하게 됩니다.

3. 페이지 수 옆에 책 제목과 챕터(장)의 제목을 넣는 경우가 많습니다.

보통 왼쪽(짝수) 페이지에는 책 제목 넣고, 오른쪽(홀수) 페이지에는 장 제목을 작게 해서 넣는 경우가 많습니다.

폰트는 어떤 걸 써야 할까요?

"출판에 적합한 폰트가 무엇일까요?"

이 질문에 대한 답은 "사람들에게 익숙한 폰트"입니다.

질문에 대한 답변처럼 출판에 주로 사용되는, 사람들에게 익숙한 폰트를 소개합니다.

1. 윤명조 110, 120

2. 나눔명조, 나눔고딕

3. Kopub바탕체, Kopub돋움체

1. 윤명조 110, 120

대부분의 출판사에서 책을 만들 때 사용하는 서체는 윤명조 100 번대 시리즈입니다.

따라서 출판에 가장 적절한 폰트라고 한다면 윤명조를 꼽을 수 있겠지요~~

하지만 윤서체의 경우는 "윤디자인연구소"라는 회사의 라이선스가 있기 때문에 유료서체입니다. 특히나 윤명조 100번대 시리즈의 경우는 패키지로 구매해야 하며(이용자 1인당 99만 원), 비용을 지급한다고 해서 자유롭게 사용할 수 있는 것이 아니라 도서와 같은 2차 저작물의 경우는 별도의 협의를 진행해야 합니다.

그렇기에 사람들이 관심을 끌게 된 것이 무료 서체입니다.

2. 나눔 폰트 시리즈

나눔서체는 네이버(Naver)에서 개발해서 무료로 배포한 폰트입니다. '네이버 한글한글 아름답게' 프로젝트의 일환으로 만든 폰트입니다.. 링크를 통해 들어가면, 설치하실 수 있습니다.

이 중에서 종이책 출판에 어울리는 폰트로는 '나눔명조'와 '나눔고딕'이 있습니다.

기본적으로 본문의 내용에는 부드러운 명조체가 익숙하고 어울리기에 '나눔명조'를 사용합니다.

그리고 소제목이나 장 제목 등에는 뚜렷한 느낌을 주는 '나눔고딕'이 어울립니다.

3. Kopub바탕체, Kopub돋움체

- Kopub체는 '한국출판인회의'에서 개발해서 무료로 배포한 폰트입니다. 링크를 통해 들어가면, 설치하실 수 있습니다. '한국출판인회'의는 출판의 자유를 신장시키고, 출판의 문화적 진흥과 산업적 발전을 위해 민족문화의 창달에 기여함을 목적으로 1998년 12월 2일 설립된 대한민국 문화체육관광부 소관의 사단법인입니다. Kopub체의 경우는 본문의 내용에는 Kopub바탕체가 어울리며 소제목이나 장 제목 등에는 Kopub돋움체를 어울립니다.

* 상업적으로 활용가능한 무료폰트를 모아놓은 사이트가 있습니다. '눈누'라는 사이트입니다.(http://noonnu.cc) 상업적으로 활용가능한 다양한 폰트를 활용하고 싶다면 '눈누'에 들어가면 됩니다.

부크크에서는 폰트에 대해 다음과 같이 안내를 하고 있습니다.

"가끔 작가 분들이 '함초롱바탕체'나 '굴림체'를 사용하시는 경우가 있는데 가능한 자제해주시기 바랍니다. 컴퓨터를 사용함에 있어 익숙함을 느낄지 모르나 출판에는 아주 부적합한 서체입니다. 간혹 의도적으로 사용하시는 분들이 있는데 객관적으로 평가할 때 결과물이 훌륭하진 않습니다. 더불어 부크크 원고서식 파일은 Kopub서체에 최적화시켜서 만들었기에 다른 서체를 사용하시면 조금씩 수정을 해야만 책다운 결과물이 나옵니다."

원고 편집을 위한 컴퓨터 활용 Tip!

알고 있으면 유용한 원고편집 Tip을 다룹니다.

1. Ctrl + Enter

Enter가 줄 바꿈이라면 Ctrl+Enter는 페이지 바꿈입니다. 워드와 한글에서 모두에서 통하는 단축키입니다.

이 기능을 모르는 사람은 책의 새로운 장이 시작되는 부분에서 다음 페이지로 넘어가기 위해서 Enter를 마구 난타를 해서 넘깁니다. 그런데 이것을 한 번에 할 수 있는 단축키가 바로 Ctrl+Enter입니다.

이 기능을 사용하여 편집하면, 장마다 명확히 독립적으로 구분이 되어서요. 나중에 원고의 일부분을 수정하면서 글이 조금씩 밀리더라도 다른 장의 줄까지 흐트러지지 않아서 편리합니다.

2. 들여쓰기

문단의 시작을 들여 쓰는 부분을 간혹 잊고 작업을 하는 경우가 있지요. 하지만 그렇다고 다시 원고를 보면서 문단의 시작마다 "스페이스 바"를 누르면서 들여 쓰는 식으로 하기에는 너무나 번거롭습니다. 이렇게 하지 않고 한 번에 들여쓰기를 적용할 수 있는 기능이 있습니다.

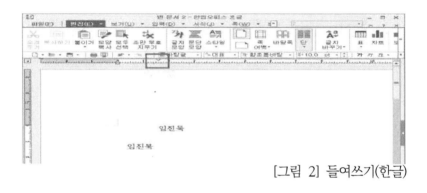

[그림 2] 들여쓰기(한글)

한글의 경우는 저렇게 문서의 틀 부분에 역삼각형 모양이 있는데요. 이걸 잡아서 끌어당기면 들여쓰기가 됩니다. 그러니까 원고 부분을 블록으로 지정한 다음, 역삼각형을 끌어당기면 전체에 들여쓰기가 적용됩니다. 한글의 경우는 글자 반 간격(스페이스 1번)만큼씩 들여쓰기를 조정할 수 있습니다.

*3. 편집화면의 조정

한글의 경우에는 문서를 보는 방법을 다양하게 조절할 수 있습니다. 만약 책을 만든다면 페이지가 적절한지, 양쪽에 구성은 적절한지, 쪽 수에 문제는 없는지 등을 파악해야 합니다. 이때 실제 독자가 책을 보았을 때 **어떻게 보이는가를 화면에서 볼 수 있게 화면을 조정할 수 있는데, 한글문서의 맨 오른쪽 아래를 보시면 화면을 조정할 수 있는데, 이렇게 '맞쪽'으로 설정하면 됩니다.**

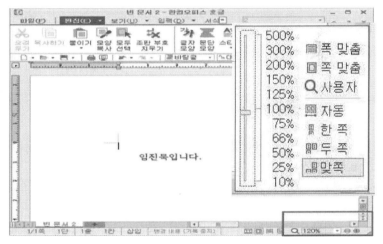

*4. 서식복사

한글에서는 Alt + C, 워드에서는 Ctrl + Shift + C 가 단축키입니다. 서식복사는 내용은 그대로 둔 채 내가 쓴 글꼴, 문단모양, 문단 스타일을 복사해서 기능입니다. 문서작업을 할 때 매우 유용한 기능입니다. 예를 들어 내가 글자의 크기나 글꼴을 바꾸고 싶은 부분이 다른 부분에 있을 때, 그 부분의 서식을 그대로 복사할 수 있는 것입니다.

방법- 한글 문서

① 내가 똑같이 만들고 싶은 글자 가운데를 클릭해서 커서를 놓고 'Alt + C'를 누릅니다.

② 내가 바꾸고 싶은 부분의 글자들을 드래그한 뒤, 'Alt + C'를 누릅니다.

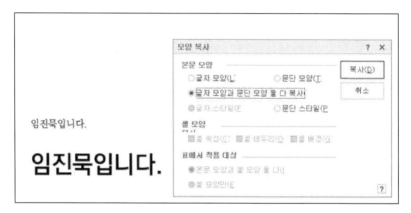

*5. 화면 분할

복잡한 작업을 할 때는 모니터 두 개를 활용하여 작업하는 것이 효율적입니다. 그런데 한 화면에서도 어렵지 않게 이러한 효과를 낼 수 있다는 것을 얼마 전에 알고 잘 활용하고 있습니다. 방법은 내가 분할하고 싶은 창을 클릭한 후 윈도우 키+ 화살표(→, ←, ↑, ↓)를 하는 것입니다. 해보시면 압니다.

옆에 있는 화면은 제가 한글문서를 클릭해서 '윈도우키' + '→'를 누르고, 인터넷 창을 클릭해서 '윈도우키' + '←'을 누른 결과입니다.

*6. 자료의 정리는 클라우드 기반의 노트 서비스를 이용하자.

아이들이 자료를 찾고 정리할 때, 인터넷에서 자료를 찾아 필요한 부분만을 인용하거나 가져오고 그 인터넷 자료를 없애서 몇 번이고 그 자료를 다시 검색해서 찾거나, 그 자료가 어디에 있었는지 몰라서 고생하는 경우가 생깁니다.

또한 자신들이 쓴 글을 어떻게 정리하면 좋을지 알 수 없어서 힘들어하는 경우들이 생기는데요.

그런 부분을 도와줄 노트 서비스로는 '원노트'와 '에버노트'가 있습니다. 필요한 자료들을 이러한 서비스들에 모아 놓고 자료들을 정리하면 매우 효율적으로 필요한 자료와 자신들의 글을 정리할 수 있습니다.

‖ 에필로그

제 블로그에 1정 연수에 강의하러 다녀왔다는 글을 보고,
「동물원 야간개장」을 함께 쓴 졸업생이 남긴 댓글로
이 책을 마무리하려 합니다.

"선생님 안녕하세요. 저 ○○이에요. 잘 지내세요?
여기 오셨었군요. 저 그 대학교 바로 옆에 있는 학사에 살아요.
다른 글 일찍 봤으면 그날 찾아가서 선생님 뵈었을 텐데…
아쉽네요.
저 5월에 학교 교지편집부에서 주최한 문학공모전 나갔었거든요.
어제 오후에 최우수상으로 선정됐다고 연락 왔어요.
선생님 생각 대학 와서도 자주 났어요.

늘 하시던 대로, 학생들한테 색다른 기회를 주고 계시는 중이네요.
(블로그 눈팅을 주기적으로 한답니당ㅎㅎㅎ)
학생 중에서 다수는 귀찮아하고 불평만 할 수도 있어요.
(지금 학생들은 어떨지 잘 모르지만요;;)
하지만 저 같은 애들도 몇 명은 있을 거예요ㅎㅎ

감사합니다.

그땐 별 거 아닌 일이었고 지금 역시 대수롭지 않은 일이지만,
또 그렇지만도 않은 것 같아요.

선생님이 계셨기에, 저 혼자만 즐거웠던 시간이 남들에게
인정받을 수도 있는 결과물을 내는 시간이 될 수 있었습니다.
고맙습니다.

매일 고되시겠지만, 이렇게 (?!ㅋㅋㅋㅋ) 보람 있는 직업이니 만큼
힘내서 출근하셨으면 좋겠습니다.
다음에 기회 되면 학교에 선생님 뵈러 갈게요.
더 멋진 일을 지치지 않고 하고 계실 거라 믿습니당ㅎㅎㅎ.
그때까지 안녕히 지내셨으면 해요."

부록 1. 책쓰기 수업을 위한 책과 자료 안내

책쓰기 교육과 관련된 책

책쓰기와 관련된 일반인을 대상으로 한 책들은 많지만, 학생들을 대상으로 책쓰기 교육을 말하는 책은 많지 않다. 내가 알고 있는 책은 총 4권인데, 이 4권의 책은 책을 쓴 주체에 따라 허병두 선생님이 쓰신 책, 책따세(책으로 따뜻한 세상을 만드는 교사들)에서 나온 책, 대구의 선생님들이 쓰신 책으로 나눌 수 있는데, 내용의 핵심은 일맥상통한다. 그 이유는 다음은 책쓰기 교육의 역사에서 찾을 수 있다.

1997년
책쓰기 교육이 시작되었다. 기존의 논술 교육의 한계를 넘어서고자 숭문고 허병두 교사가 고3 학생들을 대상으로 자신의 관심사를 책으로 쓰게 했다.

2003년
허병두 선생님이 대표로 이끄시던 독서 교육 교사 모임인 '책따세'에서 다양하고 창조적인 읽기 쓰기 프로그램으로 '책쓰기'가 자리 잡게 되었다.

2007년
책따세가 문화 시민단체로 발전하며, 책쓰기 교육은 국어과 교육 차원을 넘어서게 된다. 책쓰기 운동은 책따세가 주창하기 시작한 저작권 기부운동(www.copygift.org)과 연계되면서 '지식의 나눔과 사랑의 더함'이라는 교육적 의의를 기본 철학으로 삼는다.

2008년

대구시교육청의 의뢰로 대구시 교사들에게 책쓰기 교육에 대한 직무연수 프로그램을 개발하여 실시하였다. 이후 대구시교육청은 '대구 학생 저자 10만 양성 정책'과 같은 교육정책을 펼치며, 교육부에서 전국적으로 책쓰기 동아리를 모집하여 운영하고, 매년 책과 관련된 전국단위 축제를 여는데 기여한다.
(2017년에는 세종에서 책축제가 열렸습니다.)

하지만 이후 일부 시도교육청이 대입을 위한 '소논문쓰기' 같은 스펙용 활동을 책쓰기 교육의 범주에 포함시키면서 책따세는 교육청 사업과 다른 길을 걷게 된다.

*위 내용은 『책따세와 함께하는 책쓰기 교육』 중 '7장 책쓰기 교육의 간략한 역사와 현재' 부분을 편집한 내용입니다.

*개인적으로 '책따세'를 처음 만나게 된 것은 2017년 겨울방학 때, 책따세의 책쓰기교육 연수를 통해서였습니다. 책따세의 선생님들이 참 부러웠습니다. 함께 공동체를 이루어 책쓰기에 대해서 고민하고 노력하시니, 참여하는 모두가 발전하고 참 좋은 교육을 하고 있다는 것을 느꼈기 때문입니다. 홀로 노력하는 저와 달리요. 또한 조영

수 선생님(책따세 공동대표)과 식사를 통해 책쓰기 교육에 대한 저의 관점이 달라진 것도 매우 좋았습니다. '학생들과의 결과물의 질을 높여서 판매할 정도의 수준까지 이끌어야 한다'는 그때의 저의 신념을 이야기하니, 조영수 대표님은 이에 대한 책따세의 순수한 교육적 철학을 말씀해주셨습니다.

즉, 아이들이 책을 쓰는 과정에서의 성장이 더 중요하다는 것과 책따세는 저작권 기부운동을 통해 지식을 나누는 것을 목표로 한다는 것이었습니다. 또한 책따세의 신념과 순수성을 지키기 위해 다른 단체나 출판사의 후원을 받지 않고, 책따세가 낸 책의 인세와 회원들의 회비, 공식 후원 카페(서울 신촌의 더나더나 카페)의 지원금으로 책따세가 운영된다는 것도 참 감동적이었습니다. 그래서 그 연수 이후에 책따세의 회원이 되었습니다.

*이러한 책쓰기 교육의 큰 흐름에 저도 뭔가 이바지를 하고 싶습니다. 책쓰기 교육의 역사의 변방에 서 있었기 때문에, 뭔가 다른 새로운 시각과 열정으로 책쓰기 교육에 힘을 불어넣고 싶다는 마음을 가져 봅니다.

요즘, 제가 가장 두려워하는 것은 모든 교육이 비슷해지는 것입니다. 즉, 유행을 따라가는 교육을 하는 거요. 왜냐하면 너무 자세하고 친절하게 어느 특정 수업을 설명한 좋은 책과 자료들이 넘쳐나고 있습니다. 그냥 레시피를 잘 따라 하면 맛있는 음식이 만들어지는데, 문제는 개성이 없는 음식들이 나온다는 것. 진정한 맛은 레시

피가 아니라 장인(匠人)의 눈길과 손길에서 나온다고 믿습니다. 그렇기에 여기 있는 책들을 잘 읽고 따라만 한다고 해서 좋은 책쓰기 수업이 될지는 장담을 못 하겠습니다. 교사의 고민이 깊어질수록 수업은 깊어집니다. 깊이 있는 수업, 무지개 빛깔처럼 다양하고 각 교실, 각 학생에게 맞는 수업을 기대합니다. 책쓰기 수업이 이루어지는 교실마다 이런 수업이 되길 소망해봅니다.

『허병두의 즐거운 글쓰기 교실 3 (나만의 책쓰기)』
(허병두, 문학과지성사, 2012)

책을 쓰는데 필요한 전략들이 잘 정리되어 있다. 아래 책들에는 이 책에 나온 전략들이 잘 적용되어 있다. '1분 글쓰기', '언제나 떠올려야 할 주문 세 가지-왜냐하면, 예를 들어, 다시 말해', '육하원칙', '원형정리법' 등이 상세하게 설명되어 있다.

『책쓰기 꿈꾸다』 (허병두, 한원경 외 3명, 문학과지성사, 2012)

'세계 최초의 책쓰기 교과서'라고 책을 소개하고 있다. 학생들이 읽을 자료와 학습지로 구성되어 있다. '책쓰기와 관련된 학습지를 이렇게 만들 수 있구나!'하고 힌트를 얻을 수 있는 책이다.

『(미삼샘이 들려주는) 오만방자한 책쓰기』
(이금희·김묘연·김은숙, 우리교육, 2015)

'미삼샘'은 미녀 3인방 샘이라는 의미이다. '오만방자한'이라는 표현은 교사와 학생들에게 자신의 삶을 주체적인 입장에서 살아가길 바라는 마음에서 적었다고 하신다. 오랜 기간 책쓰기 교육을 하신 3명의 선생님의 노하우가 잘 드러나 있으며, 책쓰기의 단계별로 학생들이 겪는 문제에 대한 교사의 대처, 학생에게 전할 교사의 메시지, 수업방법이 구체적으로 잘 나와 있다. 중2의 평범한 모델로 '쑥'이라는 가상의 학생과 그 학생 가르치는 '묘샘'의 대화체로 책이 구성된 것이 특징이다. 책쓰기 수업을 준비하면서 교사가 실제적인 수업을 구상하는데 큰 도움이 될 것이다.

『책따세와 함께하는 책쓰기 교육』
(책으로 따뜻한 세상 만드는 교사들, 문학과 지성사, 2017)

가장 최근에 나온 책으로 책따세 선생님들의 개성이 넘치는 각기 다른 6개의 수업과 책쓰기에 대한 전반적인 설명이 잘 나와 있다. 수업 사례가 나온 책의 경우, 내용을 그냥 지나치기 쉬워서 이 책도 그렇게 읽을 수 있다. 하지만, 그렇게 읽으면 안 된다. 여기 나온 사례나 노하우는 그냥 나온 것이 아니라 2003년부터 시작된 책따세의 책쓰기 수업에 대한 고민에서부터 시작된 것이니, 하나하나 놓치지 않았으면 좋겠다. 개인적으로 가장 추천하는 책이다.

책쓰기 수업을 위한 자료실

1. 2015 교육과정 중학교 국어 교수학습자료(1학기 1권 읽기 자료)

에듀넷-티-클리어-2015 교육과정 -1학기1권 읽기- 수업 나누기 - 수업사례-『나만의 책 만들기』

http://gg.gg/mukbook4

-전국에 있는 모든 중학교에는 2015 국어과 교수학습자료가 책으로 배포되었습니다. 그 자료의 다른 이름은 '1학기 1권 읽기'입니다. 그 자료 중 '나만의 책쓰기' 챕터가 있습니다. 링크를 따라 들어가시면 이 자료가 한글문서로 제공됩니다.

2. 『나만의 책 만들기 프로젝트 워크북』 백화현 외, 서울시교육청, 2015

서울시교육청-교육정보-중학교학년제-게시물번호 28번 서울시교육청 개발 자유학기제 선택프로그램

http://gg.gg/mukbook2

*1번에 소개한 2015 교육과정의 자료는 이 워크북에서 나온 듯 보입니다. 자료의 내용이 많이 일치합니다. 이 게시물에는 학생용 워크북과 교사용 지도서가 함께 있습니다. 그리고 자료의 내용이 1번보다 상세합니다.

3. 최인영, 자서전 쓰기 교수 학습 과정 연구

http://gg.gg/mukbook3

*존경하는 최인영 선생님의 자료입니다. 1학기 동안 아이들과 자서전 수업을 하신 내용을 논문으로 쓰셨는데, 곁에 두고 참고할 내용이 많습니다. 글쓰기에 대한 좋은 내용들, 인용할 부분들이 많습니다.

4. 네이버 카페- 꿈을 찾는 책쓰기

https://cafe.naver.com/openingbook

*전국의 책쓰기 동아리들의 활동이 모인 곳으로 얼마 전부터는 책쓰기 수업에 대한 자료들이 올라오고 있네요. 특히 동문고의 수석교사이신 이금희 선생님의 자서전쓰기 수업 자료들이 공지사항-책쓰기 수업활동자료로 올라오고 있습니다. 참고할 내용들이 있으실 겁니다.

부록 2. 전자책에 대해서

묵쌤이 전자책에 관심을 갖게 된 이유

모든 일이 그렇지만 제가 아는 만큼만 말씀드립니다. 전자책에 대한 전문가가 아닌데 이런 글을 쓰는 것이 부끄럽기도 합니다. 혹시 제가 틀린 내용을 알고 있다면 제 블로그[14])에 오셔서 알려주시길 간곡히 부탁드립니다.

제가 전자책에 대해 관심을 갖게 된 것은 현실적인 이유에서입니다. 아이들의 글을 책으로 만들기 위해서는 인쇄비가 듭니다. 하지만 전자책은 인쇄비가 들지 않는다고 생각해서 2016년에 전자책 만들기 시도해보게 되었습니다.

제가 책따세의 책쓰기 연수를 통해 책쓰기 수업을 하는 많은 선생님들을 만나기 전까지, 제 목표는 아이들의 책을 실제로 만들고, 인터넷서점으로 유통해서 아이들의 글이 이렇게 의미가 있다는 것을 보여주는 것이었습니다. 그래서 어떻게 유통시킬 수 있는지 고민하다가 서울에 가서 강의도 듣고, 학교로 전문가를 불러 강의도 듣고 했어요.

지금은 '아이들과 책을 만드는 과정이 중요하다. 굳이 모든 책을 시중에 유통하지 않아도 된다'는 생각을 하게 되었습니다. 앞으로는 더 다양한 방식으로 아이들과 책 만들기에 도전할 계획입니다.

---

14) 네이버에 '묵쌤'을 검색하시면 됩니다.

전자책의 종류

전자책은 '컴퓨터 화면에 떠올려 읽을 수 있게 만든 전자 매체형 책'이라고 정의됩니다. 제가 아는 전자책은 만들게 되는 형식에 따라 크게 PDF, e-pub2(한글로는 '이펍'이라고 부릅니다), e-pub3로 나뉩니다.

1. PDF

한글프로그램으로 아이들이 문서를 작성하여 저장할 때 PDF로 저장하면 됩니다. 그리고 그 파일은 전자책을 서비스하는 사이트에 올리면 됩니다. 가장 쉬운 방법입니다. 이 방법을 활용하면, 당연히 전자책은 문서의 형태로 제공됩니다. 마치 그림파일을 보는 것과 같아서 글씨나 그림을 크게 보려면 확대해서 보아야 합니다. 이런 불편함이 전자책이라고 부르기에는 미흡한 점이 있습니다.

* 저는 『동물원 야간개장』을 아이들과 읽고, 그 내용을 4쪽의 간단한 PDF파일로 제작하였습니다. http://gg.gg/mukbook1

이 전자책의 경우에는 다른 사람들이 읽을 때, 대부분 스마트폰으로 전자책을 본다고 예상하였고, 이를 반영하여 스마트폰에서 잘 볼 수 있도록 일반 문서보다 글씨의 크게 해서 제작하였습니다.

* 제가 활용한 사이트는 '스룩'(http://www.srook.net)이라는 사이트입니다. PPT나 그림 파일로도 전자책을 제작할 수 있으며, 음

악 삽입도 가능합니다. 간단하게 자신만의 도서관을 만들어서 이를 볼 수 있게 서비스할 수 있습니다.

2. e-pub2

이펍은 '전자 출판(electronic publication)'이라는 뜻이 담겨 있고, 국제디지털출판포럼에서 제정한 전자책(e-book)의 기술표준입니다. 다양한 전자책 포맷으로 제작될 경우, 기기간의 호환의 문제가 발생하여 이제는 전자책을 만들 경우 대부분 이펍으로 전자책을 제작합니다.

저희가 보는 전자책 대부분은 e-pub2 버전의 전자책입니다. 이 전자책의 경우, 텍스트(글)와 그림으로만 제공되며, '가변형 레이아웃'입니다. '가변형 레이아웃'이란 사용자의 기기와 설정에 맞게 글과 그림의 배치, 서체, 글자크기, 줄간격 등이 달라지는 형태를 말합니다. PDF처럼 고정된 그림을 보는 것이 아니라 자신의 기기와 설정에 맞게 자동으로 글과 그림의 배치가 달라지니, 전자책다운 전자책입니다. 현재 우리나라에서 가장 많이 유통되는 형태입니다. 2016년 수업에서 아이들이 가장 많이 시도 형태이기도 했습니다. 자신들의 책을 만들어 판매하고 싶다는 꿈은 아이들도 함께 꾸었던 꿈이라서요.

저는 **유페이퍼**(http://www.upaper.net)라는 사이트에서 제작을 시도했습니다. 제작하는 법이 쉽고, 실제로 다양한 인터넷 서점(YES24, 알라딘 등)에 판매할 수 있다고 하여서 제작을 시도했습니다만, 사실 여기에서 제공하는 제작프로그램에서 오류가 많이 발생

해서 아이들이 좀 힘들어했습니다. 제작에 대한 부분은 제가 직접 전자책을 제작해보고, 내용을 잘 정리해서 다시 글을 올리고, 책으로 정리해보겠습니다. ^^

*이 책에서 1챕터가 끝나고 소개한, 1인출판사인 세나북스의 '최수진' 대표님이 하신 전자책 제작 강의를 통해 '유페이퍼'를 알게 되었습니다. 대표님의 친절한 설명과 도움으로 2016년에 아이들과 함께 전자책 만들기 수업을 할 수 있었습니다.

(https://blog.naver.com/banny74)

* 전자책을 제작하는 프로그램 중 가장 많이 사용되는 것은 Sigil(시길)이라는 무료 프로그램입니다. 하지만, 컴퓨터를 잘 모르는 저 같은 사람들은 좀 사용하기가 어려운 것 같습니다.

3. e-pub3

가장 최근에 나온 형식입니다. 이 전자책에는 음악, 동영상이 직접 삽입이 가능하며, 링크를 통해 웹페이지나 유튜브를 연결할 수도 있습니다. 가변형 레이아웃과 고정형 레이아웃을 선택할 수도 있습니다. 텍스트가 많아서 가변형 레이아웃이 필요한 책도 있지만, 그림책같이 고정된 레이아웃을 활용해야 하는 책도 있기 때문에, 이는 제작하는 입장에서 선택하면 됩니다.

제작과 유통이 가능한 사이트는 **'위퍼블'**(https://www.wepubl.com/) 이 있습니다. ㈜한글과 컴퓨터에서 제공하는 서비스인데, '전자책

유튜브'가 되고 싶다는 꿈을 꾸는 곳입니다. 매우 친절하게 제작방법 및 사용방법을 설명하고 있고, 제작프로그램도 사용이 편리합니다. 제작된 전자책은 위퍼블 사이트에서 유통되며, 이미 많은 선생님들이 활용하시는 서비스인 것 같습니다.

현재로서 제가 추천해드리는 또 하나의 서비스는 '쿨북스'(https://www.wepubl.com/)입니다. 쿨메신저 회사로 잘 알려진 지란지교컴즈에서 제공하는 서비스로서 사이트에서도 직접 전자책을 제작하고 이를 제공할 수 있습니다. 쿨메신저 하단의 광고 등으로 홍보가 될 수도 있고, 선생님들만 이용한다는 장점이 있습니다. 물론 링크를 통해 다른 사람들과도 전자책을 공유할 수 있습니다.

[고정 레이아웃과 가변 레이아웃]

wepubl author를 실행시키면 전자책의 레이아웃을 선택하실 수 있습니다. epub 표준의 전자책은 고정 레이아웃과 가변 레이아웃으로 구분됩니다.

가변 레이아웃의 경우, 디스플레이 화면 전환 및 비율에 따라 자동으로 공간을 조정합니다.
화면에 따른 자동 조정으로 인한 레이아웃의 변화로 이미지 삽입 등의 시도 시 사용자의 의도와는 다른 화면이 노출될 수 있습니다.

  하지만, 화면 비율에 따른 변화를 통해, 텍스트 사이즈의 크기
변화로 글이 대부분인 전자책의 가독성을 상승시킬 수 있습니다.
  이에 가변 레이아웃의 경우, 텍스트가 많은 소설류에 적합합니
다.

  이와 반대로 고정레이아웃은 디스플레이와 고정된 화면이므로
의도하는 레이아웃의 설정이 가능하며 멀티미디어 삽입 시 좀 더
효율적인 화면 효과를 나타냅니다.
  하지만 고정된 화면을 유지하므로, 텍스트 사이즈 변화에 따른
자동 지원은 불가합니다. 이에 편집 시, 각 화면 디스플레이에 적
절하게 맞춰진 사이즈 조정이 필요합니다. 고정레이아웃을 선택하
면 원하는 도서의 가로, 세로 크기를 선택할 수 있습니다.

                              -위퍼블 처음 사용자 가이드 중에서
                    (https://www.wepubl.com/guide#userguide6-1)

부록 3. 각종 양식

학생 저작물 동의 양식 예시 1.

저작물, 초상권 사용 동의서

본인의 수업 관련 저작물, 초상권과 관련하여 다음 매체에 그 저작물을 사용하는 것에 대하여 동의합니다.

　　□ 사용 매체명: 수업시간에 책쓰기(부크크)
　　　　　　　　 교사 연수 온오프라인 콘텐츠 등
　　□ 제작물의 형태: 책, 원격 연수 온라인 강의, 오프라인 강의 자료
　　□ 저작권, 초상권 사용료: 없음

수업 관련 저작물, 초상권을 교사 연수 콘텐츠 제작 자료에 사용함을 동의하며 추후 이와 관련하여 어떠한 이의도 제기하지 않을 것을 확인합니다.

2017년　3월　일

학생 _____(인)

학부모 _____(인)

학생 저작물 동의 양식 예시 2.

학생 저작물 활용 및 안내에 대한 편지

안녕하세요. 3학년 학년부 장이며 국어를 가르치는 교사 임진묵입니다. 말씀드리고 동의를 구할 내용이 있어서 이렇게 편지를 씁니다.

저는 학생들이 창조적인 능력을 갖추고 있고, 이러한 활동을 하는 과정과 결과물이 크게 의미 있다고 생각하여 학생들과 활동하고 활동한 과정과 결과물을 책으로 내는 작업을 하고 있습니다. 이러한 활동이 학생들의 자신감을 높이고, 조치원중학교의 명예를 높이는 일이며, 다른 학생들이나 교사들의 성장에 도움이 되리라 믿습니다. 이에 대한 내용을 알려드리며 학생과 학부모님들의 동의를 얻고자 합니다.

1. 학생 시집 제작
 - 국어시간에 학생들이 쓴 시를 본교 책쓰기 동아리 '함께해' 학생들이 시집으로 제작.
 - 수익금이 발생 시 (사)위드의 탄자니아 생명의 빵 사업에 기부함.

2. 자서전 책 제작

- 국어시간 수행평가로 학생들이 쓴 자서전을 본교 책쓰기 동아리 '함께해' 학생들이 자서전으로 제작.

- 수익금이 발생 시 (사)위드의 탄자니아 생명의 빵 사업에 기부함.

3. 이외의 수업결과물과 과정들도 교육적인 목적 등을 위해 책으로 출간되거나 교사들의 연수콘텐츠 등으로 제작될 수 있습니다.

학생(본인)의 수업 관련 저작물 활용에 대한 위 내용을 확인하였으며 이에 동의합니다.

2018년   5월   일

3학년 (   )반 (   )번 학생 _____(인)

학부모 _____(인)

저작물 동의 양식 1번은 제가 출판사와 책을 작업하며 받은 양식입니다. 이를 저는 수정하여 양식 2번처럼 활용했습니다.

이러한 동의서를 받는 이유 중 하나는 나중에 혹시 학생이나 학부모가 자신이 만든 작품을 책에 넣었을 때, 이에 대해 문제를 제기할 수도 있어서입니다.

하지만 교육적으로도 의미가 있습니다. 아이들이 만든 작품이나 아이들의 초상권을 인정한다는 뜻으로 이런 동의서를 받는 것이기 때문에, 학생들에게 자신들이 얼마나 소중한 존재이며 자신들이 만든 것들이 하나의 작품으로서 의미를 갖는다고 이야기해주면 좋겠습니다.

저는 3월에 수업을 시작할 때 미리 아이들에게 이런 내용을 이야기하고 학생들에게 동의서를 받습니다.

영화 글쓰기 양식

영화 글쓰기

(　)학년 (　)반 (　)번

보고, 생각하고, 표현하는 멋진 나의 이름은 ＿＿＿

▲ 영화제목

▲ 감독 / 배우(역할)

1. 영화의 줄거리를 다른 사람에게 간단히 소개한다면~

. 영화에 나왔던 인물과 사건, 배경을 떠올려보면 잘 소개할 수 있을 거예요.

2. 인상 깊은 장면이나 대사 셋!

. 감동적이거나 인상 깊었던 장면이나 대사를 3가지 적어보세요.

. 왜 인상 깊었는지도 적어보세요.

1	
2	
3	

3. 나는 제대로 영화를 보았다.

1. 영화의 주제(메시지)는 무엇이라고 생각하나요? 그렇게 생각한 이유는?	
2. 영화를 통해 배운 점이 있다면?	
3. 영화에서 재미있다(또는 흥미롭다)고 느낀 점은?	
4. 잘 이해가 안 된 부분이 있다면?	
5. 영화를 보고 궁금한 점이 생겼다면?	

3. 토론주제 찾기

. 이 영화를 주제로 토론한다면, 어떤 주제로 토론을 할 수 있을까요?

```
[토론주제]
```

[삶에 접속하기]

4. 나의 삶도 한 편의 영화!

. 영화를 통해 얻게 된 것(배운 점, 느낀 점 등)은 내 삶의 어떤 부분에 어떻게 적용할 수 있을까요?

. 아니면 영화를 보고 떠오른 나의 삶의 장면이 있다면요?

– 구체적으로 이야기할수록 좋아요. (언제, 어디서, 무엇을, 어떻게, 왜)

```
[나는 주인공이다]
```

5. 이 영화의 평점, 영화를 한마디로 표현한다면?

영화 평점	☆ ☆ ☆ ☆ ☆
이 영화는 한마디로~	

6. 지금까지 쓴 내용을 토대로 영화에 대한 자기 생각을 자유롭게 끼적여 보세요.

. 1~5번까지 쓴 내용 + 인물과 사건에 대한 이야기, 자신이 영화 속 인물이라면, 영화의 뒷이야기를 써본다면, 작품의 영상미(촬영, 편집, 미장센, 특수효과, 음악 등), 영화의 장르, 작품의 배우(배역, 연기 등), 다른 영화나 문학과의 연결, 감독에 대한 이야기 등등 어떤 것이든 좋습니다.

. 필요하다면 그림을 그려도 좋아요~